シリーズ国語授業づくり

作文

目的に応じて書く

監修 日本国語教育学会　企画編集 福永睦子・功刀道子

編著 白石壽文・権藤順子

東洋館出版社

まえがき　新しい授業改善の視点「どのように学ぶか」の課題に応えて

私たち教師は、明日を生きる子どもたちと向かい合い、明日を生きる力を付けてやりたいと願っています。そして、そのための努力を惜しみません。

年間の指導計画の立案を初め、自分の担当するすべての教科の学習内容や教材の研究、そして学習指導や評価の研究など、その他、教師としてやるべき毎日の仕事は多岐にわたっています。それを、みんな落ちなくこなしていく教師にとって、何よりもうれしいのは、子どもたちが、教師の働き掛けに応じてくれることです。教師の仕事はたいへんだけれど、一時間一時間、子どもたちが生き生きと勉強に取り組んでくれる姿に、教師は教師であることのよろこびを感じます。

一時間一時間の授業に自分を懸ける――大げさに聞こえるかも知れませんが、しかし、それが、日々子どもたちの前に立つ、教師の生き甲斐でもあると思います。教師は、子どもたちが喜んで学んでくれることを願い、子どもたちの内側からの学びを引き出そうと、絶えず自らの実践の在り方を問い続けているのです。

この度、教育課程が改訂され、新しい学習指導要領が発表されました。そこでは、「何を学ぶか」という学習内容とともに、「アクティブ・ラーニング」の視点から、「主体的・対話的で深い学び」という言葉で、「どのように学ぶか」という具体的な学習指導のあり方の提示がなされました。教育課程の上に、このような具体的な学びの在り方の提示がなされたのは初めてです。それは、学びの在り方が、子どもの学びの力を育て、子どもの生きる力を育むことにつながるからです。そして、一時間一時間の授業を、子どもの学びとして充実させることは、まさに教師の願いでもあるのです。

本シリーズは、「どのように学ぶか」という「学びの在り方」が問われる現在、その課題に応えようとして刊行するものです。各巻の編集担当者達は、今日における教育界の問題、なかんずく授業実践の問題については広い見識のある方ばかりで、本シリーズは、今日における教育課程改訂の動向を視野に入れて、まさにこれからの時代に対応した内容のものとなっています。

まず、教師としてのスタートラインに立った若い先生方に、是非手にとっていただきたいと思っています。同時に、ベテランの先生方にも、新しい実践界の動向を視野に、ご自分の経験を振り返り、改めて新しい実践の方向を見据えていく上で、是非目を通していただきたいと思います。また、それぞれの地区や校内で指導的な立場に立っておられる先生方にも、教育実践のレベルアップのために、改めて参考にしていただきたいと思います。

本シリーズは、日本国語教育学会の教育情報部の事業として、小学校部会と合同で、各巻担当の学会理事を中心に企画・編集され、東洋館出版社のご尽力により刊行の運びとなったものです。

平成二十九年七月

日本国語教育学会会長　**田近洵一**（東京学芸大学名誉教授）
日本国語教育学会理事長　**桑原　隆**（筑波大学名誉教授）

もくじ

Ⅲ章

目的に応じて「書く」指導

Ⅳ章　目的に応じて「書く」単元の展開例

Ⅰ章

「書くこと」の指導

1 自らの文章表現生活

ご自分の言語生活で、文章での表現はいかほどでしょうか。メールは別にして、手書きでは、日記をはじめ、手紙やメモ、担任としての返却ノートや連絡文書、など、一日にどれほど書いておられるでしょうか。板書をはじめ、提出物への添削、お便り等々原稿用紙にしてどれほどでしょうか。

作文教育に携わる者として、一文字も書くことが無いのは問題です。しかし、書くことがない、何をどう書いたらいいか悩んではいる、という場合もあることでしょう。

それでは作文教師失格、とは考えないでください。書きあぐねている学習者、書きたくないと拒否的態度の子どもの心がよく理解できるはずです。すらすらと文章が書ける、書くことが苦にならないような恵まれた人よりも、いつも文章と格闘している人の方が、作文教師に適しているとは思いませんか。苦手意識は消し去らない方が、作文嫌いの子どもへの指導が旨くいくのではないでしょうか。

一年生への個別指導の例として、亀村五郎氏は、たとえば、何を書いていいかわからなくて困っている子どもに、

「きのう、何がいちばんおもしろかった。びっくりしたり、悲しかったりしたことはなかったの。」

というように聞いてやる。

「おかあさんと、やおやさんにいった。」と言えば、

「そう、やおやさんにいったの、おかあさんといっしょでよかったね。」

などと、子どもの心をほぐしながら、

「それでは、『きのう、おかあさんと、やおやにいきました。』と書いてごらん。」と、指導する。

そしてまた、

「やおやさんで、めずらしいことがあったの。」というように聞き、

「ぼくは、はじめてぶどうをみました。たべたかったけど、かってもらえませんでした。」

というように書かせるのである。(『日記指導』七〇ページ)

と対話しながら、その子だから書けることを引き出しています。


私個人は、小学三年生のときのS先生が、なぜか日記には厳しく、毎日、放課後、日記を点検して添削してくださったお陰で七〇年間続いています。当時は嫌でしたが、現在は感謝しています。

大学ノート見開き二ページを三分の一の三段にして、その二ページは六月三日、次のページは六月四日…と一年分のページを準備。ほぼ見開き二ページ六段で約五年分書けます。これのいいところは、昨年の今日、三年前の今日に、訪問客は誰で、届いた郵便が記録されていること。一年前から数年前まで、同じ日が、いかなる過ごし方をしたかを読むのが楽しみで、日記を開くのが苦になりません。文体をいろいろ変化させるのも、日記に遊ぶ、愉快な時間になっています。自分では「十年日記」と呼んでいます。どうしても何も書けないときには、好きな詩とか、小説の一節とかを視写して、アンソロジーを作ります。昔の小説家の弟子(書生)は、師匠の作品を句読点まで、忠実に視写して、文章の呼吸を修業したそうです。子どもたちにもCMの替え歌づくりやアンソロジーの楽しさ、視写、聴写に工夫を凝らす体験させてみてはどうですか。

2 平成二〇年版学習指導要領の二か年ずつのめあて

低学年（一・二年生）のめあて

経験したことや想像したことなどについて、順序を整理し、簡単な構成を考えて文や文章を書く能力を身に付けさせるとともに、進んで書こうとする態度を育てる。

中学年（三・四学年）のめあて

相手や目的に応じ、調べたことなどが伝わるように、段落相互の関係などに注意して文章を書く能力を身に付けさせるとともに、工夫をしながら書こうとする態度を育てる。

高学年（五・六年生）のめあて

目的や意図に応じ、考えたことなどを文章全体の構成の効果を考えて文章を書く能力を身に付けさせるとともに、適切に書こうとする態度を育てる。

なぜ二か年ずつまとめて示されているのでしょうか。「児童の発達の段階や中学校との関連を配慮しつつ、学校や児童の実態に応じて各学年における指導内容を重点化し、十分な定着を図ることが大切」だと考えられたからです。各学年で十分な定着を図るためには、低学年・中学年・高学年それぞれに二年間以上必要だと考えられています。中学年ならば、三年生の一学期・二学期・三学期、そして四年生の一学期・二学期・三学期と同じ目標のもとに、二年間かけて少しずつレベルアップを工夫する、もしくは遅れがちな児童のための個別指導を大切にするという、ゆっくりかつ確かな学習指導を展開するという単元学習の考えがあってのことだともいえます。

教科書どおりに三年の作文単元「自分を紹介、材料集め」、「観察したことを書く、事柄の整理」「心にのこったことの中心を考え材料を選ぶ」「案内の手紙、大事なこと」「お話づくり、場面ごとに整理」「調べたことを整理、研究レポート」「二つを比べて整理」「私の作品集」、四年「心の動き」「今月のニュース」「文章の組み立て」「お願い・お礼の手紙」「連詩」「取材と学級新聞」「目的に合わせて、内容・形式・資料選択」「文集づくり」一六単元を二年間に短期集中型で実践が一般的です。

語彙力と認識・表現力の不十分さが残ります。私見ですが、三・四年生は一学期・二学期・三学期・四学期・五学期・六学期の一連の系統を帯単元（例「目的に～」）として、毎週火曜の二時間目に個別指導を中心に、レベルアップを構想し、中学年の目標の達成を六つの学期、七〇時間で展開する方が、単元学習のよさが生きる、教師も共に歩めると考えています。これにより六学期に文章表現活動をして、能力と態度の達成が着実になる自己成長を実感できます。中学年であっても低学年のめあて達成が不十分な子どもには、その子に適した個別指導計画のもと、一学期から次第に文章表現の能力と態度の指導事項と言語活動例と多様な各種の文種のレベルアップが支援できます。孔子は「七十而従心所欲不踰矩」（『論語』為政）と述べています。児童も成長するにつれて、言動は近づくことでしょう。

3 児童の日常語の「目的」概念（目標・めあて）と文科省の学術語の「目的」概念とのズレ

本書は指導要領に準拠して、サブタイトルは「目的に応じて文章を書こう」です。昭和一〇年（一九三五）頃言語力の研究で、一〇歳ということが教育的に大事なことだといわれ始めました。一〇歳前後に言語思考能力が、具体から抽象になる、つまり子どもから大人に成長する、というのです。「おとうさんと、おかあさんと、おじいちゃんと、おばあちゃんと、ぼくの五人で～」と書いていたのが、「おとうさんたちとぼくの五人で～」のようにまとめた表現ができる、抽象的思考をもてるかどうか、「一〇歳の壁」を超えた児童はできる、超えられないままの児童は具体的に並べることにとどまっている、というのです。ですから、昭和八年に出た『サクラ読本』は一〇歳の三年生用の国語教材に特別に注意したそうです。指導要領の中学年目標「相手や目的に応じ～」と具体的でもあり抽象的でもある「相手や目的に応じ～」となり、高学年も「目的や意図に応じ～」となっているのでしょう。いまの児童は、一〇歳ではなく、もう幾才か早くなっているかもしれません。指導事項として、中学年に「相手や目的に応じて」「目的や必要に応じて」が位置付けられ、言語活動例として、「目的に合わせて」と、「目的」がキーワードとなっています。教科書四下に「目的に合わせて書こう」の「目的に合わせて」書くときに注意すべき単元の締めくくりとして、なぜ・何を・誰に、書くのか、の三つが最も大切だと強調されています。しかし、児童にはこの「誰に」以外、作文の目的の先にあるもので、意識には「学校のことを教える」があって、「一年生の男子トイレは東側で、女子トイレは西側です。」「勉強は四五分です。いやになってもやめられません。」など、「教える目的」が「目的」そのもので、四学期の説明単元「目的による表し方のちがいを考えよう」の学習が六学期にも理解が不十分で表現には応用できていないことを、私たち教師に無言で訴えています。高学年での再学習を私たちに求めています。

なお、学校を図面化して具体的に遊具の説明を一つ一つしているのは幼く、次元が低い、類似した遊具をまとめて説明できれば、抽象的な思考・表現が高度になった、とは限りません。相手と目的に応じて具体と抽象との使い分けには注意してやりましょう。

4 創作活動と言語文化で思考と想像を広げる

経験したことや想像したことなどをもとに日記にしているうちに、『不思議の国のアリス』のようにファンタジー的なお話を、教師が書いてみせると、どの学年も、想像を広げ、生き生きと書きます。『絵を見てお話を作ろう』という単元も、二年生から出てきます。複数の絵を並べて、順序を変えれば、ストーリーも違ってきます。文学性を問題にせずに、いつ、誰と誰が、どこで、どうしたか、そしてどうなったか、のまとまりのある物語を教師と共同で展開すれば、途中から、子どもたちそれぞれに独自の物語に仕上げようと活気づきます。慣れてきたら、教師が、子どもたちの作品の途中に意外な登場人物を挿入させて、新たな作品にさせるのも、思考の広がりと深まりに導くことになります。

ぜひ大事にしていただきたいのは、児童文学作家の作品を読み聞かせることです。ご馳走をいただくことで、舌が肥えてくるように、いい作品で耳が肥えてくる、語彙や表現が豊かになってきます。表現技法や象徴表現も理屈抜きに肌で感じ、心の奥に蓄積されるようです。

時には、「俳句に親しもう」(三年)、「連詩に挑戦しよう」(四年)、「子ども句会(俳句や短歌)を開こう」(六年)、などの短詩型文学や韻文などの言語文化にも出会わせたいものです。

5 （自分が）書きたい（伝えたい）ことを、書きたいように、書きたいだけ書く

自分の書きたいことを、好きなように、書きたいだけ書くのは、落書きと同じように、楽しいものです。誰に読まれてもいい、どこに書いてもいい、どんなに書いてもいい…この楽しみからは卒業しなければなりません。家の中だけでなく、皆さんと仲良く、決められた規則をお互いに守って、日常生活が静穏におくられます。大人になるために学校で勉強しているのです。

社会生活が何事もなく幸せに過ごせるのは、大人も子どもも、自分のためだけに生活したり、聞いたり、読んだり書いたりして、お互いにわかり合えるのも、日本人・日本語で皆がわかり合っているからです。

①○○が（は）、××です。（例　これが、教科書です。）
②○○が（は）、××します。（例　いぬが、走ります。）
③○○が（は）、××いです。（例　リンゴが、甘いです。）

のように、①「何が（は）、何です。」②「何が（は）、どうします。」③「何が（どんなです。」の三つの文の型を、特に「何が（は）」を必ず書くようにしましょう。これを「主語」と呼んでいます。主語を書く習慣をつけると、読む人が何のことか、はっきりわかります。文章が長くなればなるほど、主語のはたらきが重要になってきます。

書きたいことを、書きたいだけ書いたら、必ず、数日おいて読み返しましょう。音読がいいです。それを録音して聞き返せれば、自分の文章の推敲ができます。自分以外の人が読むのですから、自分

を第三者にして、読み返す習慣を、教師が例を示し、子どもにも身に付けさせましょう。

6 （読む人に）伝えるべきことを、伝えるべき書き方（形式）で、伝える

一年生から六年生までの六年間かけて書きたいことを目的にのびのびと書き続けると、次第に自信をつけていきます。この間、教師との連携学習が書くことの楽しさを体で自然に身に付けてくれます。

中学年になって、短作文が自在に綴れるようになるころ、三文作文（はじめ、中、おわり）で、発端・経過・結末という日本昔話の基本型構成や三段論法が思考法としても習得されます。高学年の意見・論説にも応用され、起・承・転・結の展開や、場合によっては、ヘーゲルの弁証法まで、教師とともに修得して、中学校に進学という展望が見通せます。

「同一児童の同一課題による六か年の作文」を、昭和五一年の三月に一年生を終える小学校二校（附属小学校と市立小学校）の児童全員に「四月には一年生が入学してきます。まだ何も学校のことを知りません。この一年生に、学校のことを、あなたが教えてあげてください。」と目的を指示して、毎年、学年を終える三月に作文してもらいました。この子たちが小学校を終える六年生の三月まで全員に書き続けてもらいました。四年終了時（六学期）の作文を見てください。（『佐賀大国文』九号）

四年生（昭和五四年）三月　書きたいことと伝えるべきこととが重なっています。

一年生の、みなさん、入学、おめでとう。六年生が卒業して、ちょっとさびしかったです。でも、みなさんたちが、H小学校へ入学してきたから、また、一だんとにぎやかになることでしょう。それでは、今から、一年生のみなさんたちに、このH小学校のことを教えてあげましょう。

はじめは、学校のめあてを教えましょう。か、かならずあいさつ心から。（中略）六つのめあてがあります。またこの小学校はみなさんたちがにゅうがくしてくる前に学校ができて90年になったのでそのおいわいにたくさんの本が買われたのでりようしてください。でも一年生のみなさんはまだかし出しはできないのです。かし出しというのは、カードに自分の名前をかいたりして一週間の間読みたい本を家に持って帰ってよいことになっています。たぶんみなさんたちも三学期ごろにはかし出しができると思います。二学期の間は休み時間とかに読んだりしてください。

それからは、朝の運動のことをです。朝の運動は毎週の水曜日の朝そうじが終わってからはじまって一時間目が始まるまであり、時間で言えば8時30分から8時45分までの時間の間に運動はもちろんで、そしてから高学年のお兄さんや、おねえさんたちとすもうやその他いろいろなことをして遊びます。一年生のみなさんたちは四年生の人たちとです。

さいごはこうばい部のことです。こうばい部というのは文ぼうぐ店の子供という感じのところです。学校でつかうえんぴつとかをうっているところです。場所は図書館のななめ横です。（以下略）

三・四年生めあての「目的に応じて」という条件は、児童にとっては、「主要題材を中心に」の意味になっています。目的の概念が、児童にとっては、書きたい材料、伝えたいことや気持ちという概念になっていることに、留意しておきましょう。「説明するため」「報告するため」「人によさを伝えるため」といった文章の「目的」は大人（憲法25条・教育基本法1条・文科省）の文章観です。一・二年の「身近なことを簡単に説明する」、三・四年の「収集した資料を効果的に使い、説明する」表現力は右の作文で発揮されています。五・六年の「自分の課題について調べ、意見を記述し」、「物事のよさを多くの人に伝える」は、文章の機能についての理解が、読みの学習で深まり、文体の効果理解が深まれば、計画的に活用されます。四下『目的に合わせて書こう』に「だれが読むのか」「何を伝えるのか」「何のために伝えるのか」の三つを「書く目的」であると規定し、児童の目標的文章観の内容中心の考えに加え、さらに文章を書く根源に三条件があることを示したのも、そのためです。

評価の視点と方法が、憲法・教育基本法・文科省の学術語「目的」は抽象的・絶対的・主情的な基準であるのに対して、児童の「目的（生活語の目的＝めあて・目標）」は具体的・相対的・自己満足が判定基準の傾向にあります。本人の書きたいことが、目的に叶った、書くべきことと一体になる孔子の言動通りになること、矩を踰えず、が我々の願いです。書くべきことを読む人に納得してもらえるように、適切な具体例を必ず添えることやわかるように説明を加えることが、感想文・論説文・説得文・議論文・報告文・説明文・書簡文・依頼文・懐疑文・招待文等々、文学系列では短歌・俳句・詩・随筆・戯曲・脚本・昔ばなし・創作民話などの言語文化いずれにも不可欠の条件です。

7 おわりに

①三多の法（宋『後山詩話』）実践の日々

文章の上達法の必須条件です。看多（かんた）・做多（さた）・商量多（しょうりょうた）です。「多く読む・多く書く・多く推敲し・考える」の意味です。まとまりのある文章を書くだけが做多ということではありません。日常的に気軽にメモを取る、或いは、大村はま先生のように、対案の文章メモをすっと本人に渡す。作文授業で最も忙しいのがこの個別カード指導だとおっしゃっていました。

②学級経営に支えられた鑑賞会

温かい人間関係、相互信頼が基本。教師も学級の一員。何を言っても誤解されない。何を発表しても笑いものにしない。相互に読み合い、批評には対案を出し、鑑賞会を楽しむ学級にしたいですね。

Ⅱ章

「作文」指導の基礎・基本

Q

1　子どもたちに書く意欲をもたせるにはどうすればよいでしょうか？

A　本来、一人一人に合った題材で書かせることが大切ですが、「誰に、何のために書くのか」相手や目的意識をもたせ、与えた条件を達成できた満足感を味わわせていきましょう。

①相手意識と目的意識を明確にしましょう。
書く相手や目的をはっきりさせ、条件を与えることが大切です。

②教師の例文で「書き方」を示しましょう。
子どもは、どのような文章をめざして書いていくのかがわかりません。教師が例文を示すことで、子どもは、ゴールの姿を思い描くことができます。

教師が書き示すことで、どのような文章を書かせたいのか明確になります。
書く相手や目的を明確にしましょう。

❶相手意識・目的意識をはっきりともたせましょう

学校行事の際、日記や作文を書かせることはないでしょうか。例えば、「運動会について書いてきましょう」という場合、ただ「書いてきましょう」だけの指示では、何のために書くのか目的意識がないため、どの学年でも時系列の記録文のような文章になってしまいます。そこで、発達段階や学級の実態に応じて、「見に来てくれたお家の方へ感謝の気持ちを込めて書こう」「一番心に残ったことを会話文を入れて書こう」などの条件を与えることで、相手や目的を意識した文章を書くことができます。書いてきた作文を、教師だけでなく、友達と特によかったことを相互評価したり、評価したことを付箋に書いて渡したりすることで、「書いてよかった」という気持ちが高まっていきます。

❷教師の例文で「書き方」を示しましょう

書く意欲をもつことができない子の多くは、「書くことが苦手」という意識が強いようです。まずは、この苦手意識を少なくすることが大切です。そのためには、どのような文章を書かせたいのか、教師がモデルとなる文章を提示することをお薦めします。相手や目的によって書き方が変わることや、いろいろな文種があることを示すことで、子どもたちはゴールの姿を確認することができ、安心して書き進めていくことができます。

学級文化の中に、ゲームやクイズ、言葉集めなどを通した書く活動を随所に取り入れていくことで、書くことに抵抗感をもたない、意欲的な子どもが増えていきます。

Q

2 「その子らしい」表現を引き出すためには、どうすればよいでしょうか？

A その子どもが、どんなことに興味・関心をもっているか、日常生活の中で、常に意識しましょう。

①個性を見つけましょう。
日常の学級経営において、「その子らしさ」を見つけていくことが大切です。

②個性に応じた言葉掛けをしましょう。
書くことが得意な子や苦手な子にも、その子に合った言葉掛けがあります。一人一人のよさを見つけていきましょう。

個人カルテ

・氏名　○○　○○　　写真

・住所（子どもクラブ所属・登校班メンバー）
・習い事
・好きなこと（習い事・特技等）
・学級内で仲のよい友達

【国語】
・漢字力　（例）丁寧に書ける。正確に書ける。
・語彙力　（例）ことわざが得意、オノマトペが豊か。
・作文力　（例）日記に熱心に取り組む。会話文が使える。分量が多い。
・構成力　（例）「はじめ」「中」「終わり」の型が使える。等

【算数】
・計算の速さ
・計算の正確さ

このような個人カルテを作成するといいですね。

❶ 個性を見つけましょう

個性を引き出すためには、その子どもをよく知ることです。学級担任であれば、その子の好きなことや興味があることを知る機会も多いでしょう。「読書量が多い子」「スポーツを習っている子」「ゲームが好きな子」など、趣味や夢中になっているものが一人一人にあると思います。日記や日頃の学校生活の中で知った「その子らしさ」について、個人カルテのようなものを作成し、記録しておくことをお薦めします。このような児童理解と合わせて、読書量やどのような分野の本を好んで読んでいるかなど、その子の読書生活を把握しておくことも大切です。

❷ 個性に応じた言葉掛けをしましょう

先ほどの個人カルテから、例えば、「書くのは苦手だけど動物が大好き」という子に、「一番好きな動物について、好きな理由を三つ書いてごらん」と言葉を掛けるとどうでしょうか。書くことを得意とする子、苦手とする子の両方への言葉掛けを見つけてほしいです。また、「学校の帰り道に見つけた春」「休みの日に聞こえた音」などをメモに書かせておき、朝の時間などに交流する中で、その子なりの特性やよさが培われていきます。

教師の言葉掛けで、考えが思いつかない子には、「先生だったら○○なんだけどな」など、その子に合った言葉を掛けていきましょう。どの子にも、「その子だからこそ」掛けられる言葉を見つけていくことで、個性を引き出すことができ、その子だけができる表現が生まれてきます。

Q

3　苦手意識をもたせないためには、どうすればよいでしょうか？

A　書くことに抵抗をなくすような、楽しく書く場面の設定を取り入れてみましょう。

①満足感を味わわせる書く場面の設定をしましょう。
子どもたちがワクワクして「書きたくてたまらない」という場を設定しましょう。技能を高めることを目的にするのではなく、「楽しく書けた」「もっと書きたい」という意欲を高めることを目的とします。

②作文単元以外にも生かせる①の効果
「語彙を増やす」「会話文を使わせたい」「オノマトペの習得」等の技能を①の活動の中に意識して取り入れておくと、作文単元以外の指導で活用することができます。

学校生活の中には、書く場面がいろいろなところにあります。単発ではなく意図的に意欲や技能を高めていくよう心掛けていきましょう。カリキュラム・マネジメントが大切です。

❶「書く」場面の設定を工夫しましょう

「書くこと」に苦手意識をもっている子どもが多いと言われています。そこで、教科書の作文単元だけでなく、日常生活の中に、楽しく書く機会を設定してはどうでしょうか。

例えば、グループで物語を作っていくリレー作文に取り組ませると、コミュニケーションを深めながら、楽しく書き進めていくことができます。また、読み聞かせをして物語文の続きを書く活動、四コマ漫画の起承転結の転の部分を言葉で書く活動など、子どもたちが楽しみながら書くことで書き慣れていくことができます。活動中、教師や友達同士で「褒め合う」場面の設定も大切です。

❷作文単元以外にも生かしましょう

教科書の作文単元では、指導事項に沿った学習計画が必要ですが、①のような活動を行っていくことで、国語科学習以外の書く活動でも苦手意識を少なくしていくことができます。例えば、総合的な学習の時間で、修学旅行の活動の様子を新聞形式にまとめるときにも、これまでの①で学んだことが、生かされていきます。そのために、Q２のような学習の財産（個人カルテ）を記録しておき、その子に合った言葉掛けをしていくことで、抵抗なく書き綴る子どもが育っていきます。

子どもたちの作品に添える評文にも一工夫したいものです。よく誤字に赤で修正を入れることがありますが、特に教室掲示する作品では褒めることを前面に出していきましょう。赤で修正された作品が長い時間掲示されていると、意欲がなくなってしまいます。

Q

4 取材の工夫はどうしたらよいでしょうか？

A 書く材料をたくさん集める力を育てるための工夫や集まった材料を、目的に応じて整理する力を育てるための工夫が必要です。

①「ことばの地図」は、短い期間で取材を行わせます。
②「取材ノート」は、長い期間をかけて取り組ませます。

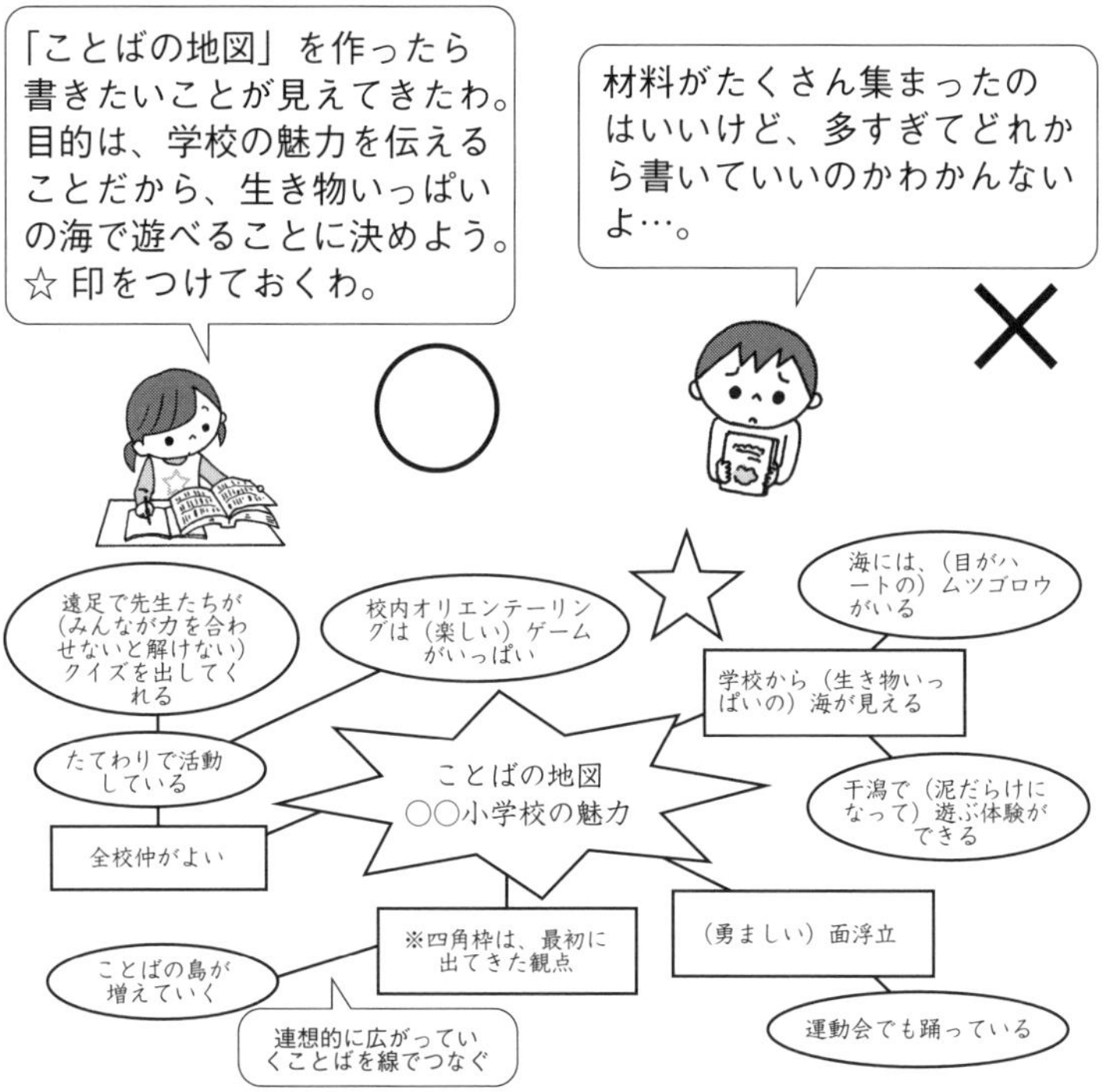

書くことが苦手は子どもは、「何を」「どう書いていいのかわからない」で困っています。取材では、「何を」の部分に焦点を当て、「何が書きたいのか」「何についてなら書きたい材料をたくさんもてているのか」をリサーチしておくことが大切です。子ども一人一人の中にある作文の種を見つけ、育てる意識をもつことで指導方法の工夫ができるようになります。

❶▼「ことばの地図」を使ってたくさんの材料を準備し、整理する【短期集中型】

まずは教師と子どもで協力しながら、黒板に「ことばの地図」を作っていきます。作文を書く目的としては、学校生活が不安な新入生が早く学校に来たくてたまらなくなるような作文を書いて、一年生の家の人に渡すこと、にします。黒板の中央に丸を書いて、「○○小学校の魅力」と書き入れます。しばらく待つと子どものつぶやきが始まります。つぶやきが出ないときには、教師も一緒になって手助けをします。教師「学校から何が見えるかな？」子ども「海です。」教師（嬉しそうに）「ことばの島が一つ増えました。（板書「学校から海が見える」を新しい四角の中に書いて中央の丸とつなぐ）」教師「もっと島を増やそう！子どもＡ「桜」Ｂ「みんな仲がいい」Ｃ「海のことなんだけど、ムツゴロウが見られます。」（板書「海」と「ムツゴロウ」をつなぐ）教師「Ｃさんにとって、どんな海だと言えますか？（海の前に括弧をつける）」その子らしい修飾語をつけることで作文を書くときに個性が出ます。

❷▼取材ノートを使って曜日ごとの観点に従って取材する【長期分散型】

ポケットに入るぐらいのメモ帳を準備し、曜日ごとに「月曜日は食べ物」「火曜日は身の周りの生き物」「水曜日はマイブーム」などの観点を決めて、三文程度の作文を書き続けていきます。

Q

5　順序を考えて書くにはどうすればよいでしょうか？

A　書くことの順序で構成できるように書くことの枠（お部屋）を示して書かせましょう。

①構成を考える第一歩として順序を示し、書くことをきめさせることが大切です。
②書く内容は、メモで広げさせましょう。
③ヒントになるような教師例示を提示しましょう。

「○○のお部屋には□□を書きましょう。」のように書くことの順序を枠（お部屋）として示すといいですね。

【書くことメモ例】

はじめ（したこと）	なか（そのようす）	おわり（おもったこと）

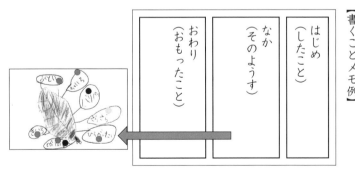

❶ 大まかな構成として順序を示しましょう

低学年の頃から少しずつ構成の力を高めましょう。もちろん、発達の段階に応じて指導することは大切です。しかし、何より書く意欲を高めつつ、書くことの力、そして思考力を高めることが大切です。おおまかな構成をもって書く習慣を低学年の頃からもたせるために「はじめ・中・おわり」などの構成を示して書く習慣を身に付けさせましょう。初めの頃は、時系列での順序がわかりやすく、書きやすい構成です。観察文などは、したこと・見たこと・思ったことなどを順序として示すこともできます。

❷ 書くこと（ひとこと）メモで広げましょう

大まかな構成が決まったら、どんなことを書けばいいのか、書きたいことを広げさせる手立てが必要です。書きたいことをどんどん増やすために絵を描かせ、そこに書くこと（ひとこと）メモを書かせるよいででしょう。ウェビングの要領で、書きたいことを広げさせるといいですね。メモで広げた後で、その観点別に色分けしてみると書くことの取捨選択もできます。観点別に見直させ、さらにメモを広げさせるのもよいでしょう。低学年ですから思いつくままメモで広げさせるといいですね。

❸ 教師例示（モデルメモ）を使いましょう

教師の例示（モデルメモ）を提示しながら書かせることを心掛けましょう。メモを見ながら書くことを考えるとそのメモが重要なカギを握ることになります。教師の例示（モデルメモ）も準備しておき、何を書けばよいのかというヒントをあたえましょう。

Q

6　目的にあった中心を考えて書くにはどうすればよいでしょうか？

A　伝えたいことをはっきりさせながら書く材料を集めていきましょう。

①思考を広げるような手立てを取り入れましょう。
②段落構成は、付箋を使って整理をすると便利です。
③交流で広げる、深めるのは、構成段階でも必要です。

○段落のまとまりをつくったり、段落相互の関係を考えたりするのにも構成メモで整理させるといいですよ！

【取材メモ例】

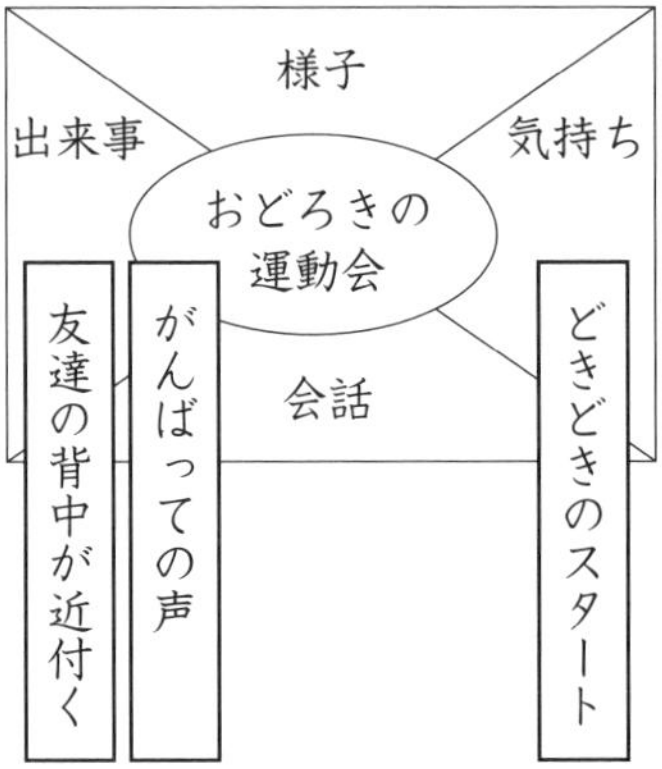

【構成メモ例】

はじめ（書き出し）	中	終わり

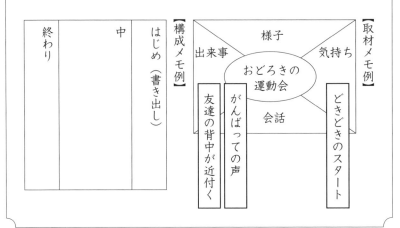

❶ 思考を広げさせ、書く材料を増やしましょう

中学年においては、生活作文を書くにしても報告文を書くにしても、それぞれの段落のつながりを考えさせながら観点を広げさせることが必要です。大まかな構成をもちながら、観点を広げさせて書く材料を広げるようにしましょう。例えば、「おどろきの運動会」について伝えるためには、どんなことを書けばよいのか、観点別にまとめさせると考えを広げたり、整理したりすることができます。観点を示し考えさせることは、取材の力につながります。取材メモを工夫してみましょう。

❷ 段落構成は、付箋で整理させましょう

書きたいことを広げたら、取材メモの中から書きたいことを選んでおおまかな流れをつくらせましょう。集めた材料の中から書きたいことや書くべきことを選択することで、自分が伝えたいことを整理することができます。書くことを選んだら、どのような順序で書きすすめていくのかを並べ替えながら構成を考えていくことで構成力が高まっていきます。付箋を並べ替えをしながら考えさせることで、書き出しやおわり（まとめ）の工夫につなげることができます。

❸ 交流を取り入れ、考えが広がり、深まるようにしましょう

構成メモを作った段階で友達との交流（対話）を取り入れましょう。友達との対話を通して、考えを広げたり、深めたりすることができます。観点をもとに広げていくとより豊かな内容になります。自分が伝えたいことが相手に伝わるのかということを他者と交流することによって、明らかにすることができます。友達へアドバイスをすることで自分の構成メモを見直すことにもつながります。

Q

7　意図に応じた構成の工夫をするには、どうすればよいでしょうか？

A　様々な構成マップを使って、構成の工夫をさせましょう。

①論理的思考へ導き、構成を工夫させましょう。
②構成マップを使って、考えを整理させましょう。
③相手意識・目的意識を大切にしましょう！

○高学年の目標である「目的や意図に応じて書く」とは、文種に応じて、自分の考え（伝えたいこと）を明確にして書くことです。考えを明らかにし、整理しながら書くことができるように構成マップを作らせましょう。

構成マップ（意見文の例）

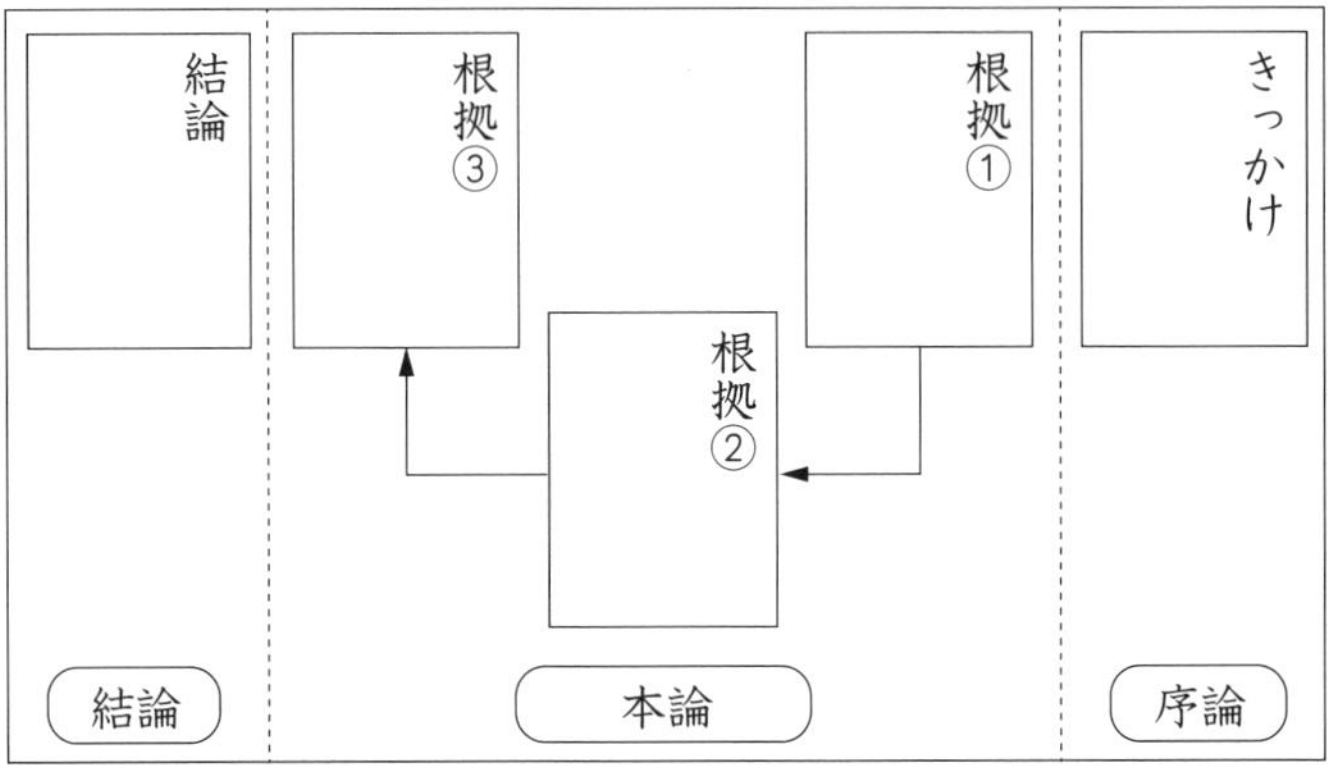

❶▼説明的な文章であれば、論理的思考へ導き、構成を工夫させましょう

高学年で説明的な文章や意見文・主張文などを書く場合は、構成マップで考えを確認させましょう。どのように述べたら、より説得力が増すのか、自らの主張を裏付ける根拠は何かということを考えさせることは、論理的思考を育てることにもつながります。まずは、「序論・本論・結論」の型を示し、主張を明らかにさせる。そして、主張の型は頭括型なのか、尾括型なのか、あるいは双括型なのかを考えさせるなど、相手に伝えるためにはどのような流れにすればよいのかを考えさせましょう。

❷▼文学的な文章も構成マップで考えを整理させましょう

構成マップは、文種に応じて使えるようにしたいものです。その場合、順序や内容の変更ができるように付箋を使いながら、作っていくと便利です。考えの整理ができるように書く材料を増やす、減らす、または順序を入れ替えるなど自由に変更できるのも構成マップのよさです。その際、「起・承・転・結」「設定→展開→山場→結末」「発端→経過→結末」のような物語の型を示し、それぞれの型に合わせて考えさせることで整理させましょう。

❸▼相手意識・目的意識を大切にしましょう

何のために述べるのか、どのように主張したら相手により伝わるのかという目的意識や相手意識をしっかりともたせて整理させることが重要です。そのためにも構成マップを書いた段階で交流（対話）を取り入れましょう。自分の考えを述べたり、友達からアドバイスをもらったりすることで、より相手意識や目的意識が明確になると思います。

Q

8　構成の留意点はなんでしょう？

A　目的に応じて構成を工夫する力を育てることが大切です！

＊学年に応じて、文種に応じて考えを整理できる力をつけましょう。

①文種ならではの構成を習得させましょう。
②構成メモや構成マップで考えの筋道をもたせましょう。
③交流で互いのよさを見つけさせましょう。

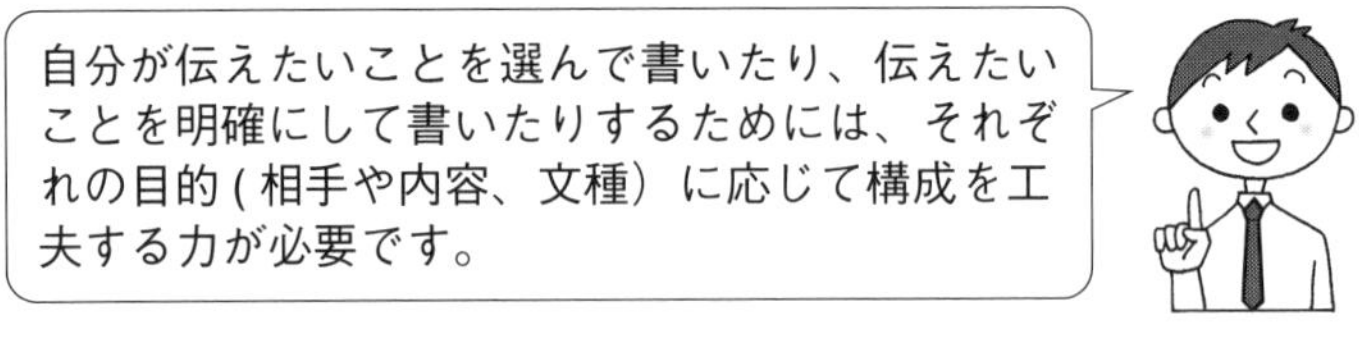
自分が伝えたいことを選んで書いたり、伝えたいことを明確にして書いたりするためには、それぞれの目的（相手や内容、文種）に応じて構成を工夫する力が必要です。

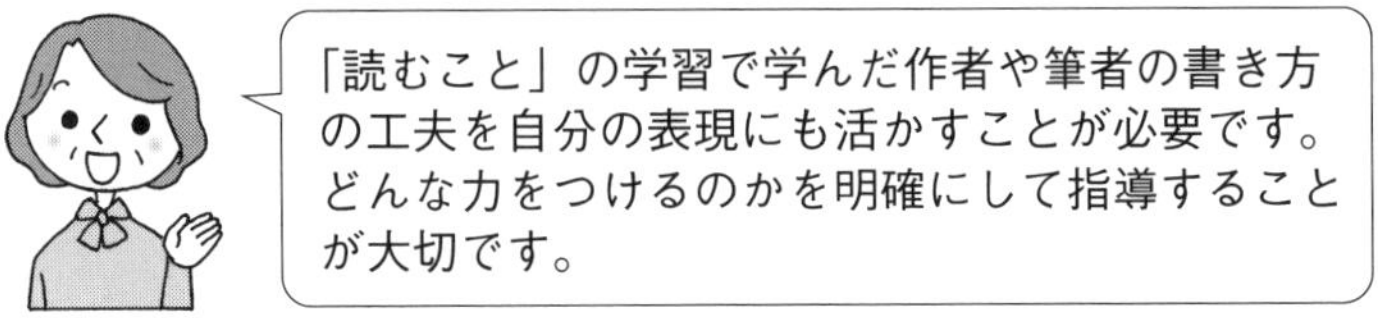
「読むこと」の学習で学んだ作者や筆者の書き方の工夫を自分の表現にも活かすことが必要です。どんな力をつけるのかを明確にして指導することが大切です。

❶ それぞれの文種の書き方を習得させましょう

観察文や報告文、物語文など文種にはいろいろなものがあります。それぞれの文種の特徴について理解しておくことが大切です。自分が伝えたいことを選んで書くことや伝えたいことを明確にして書いたりするためには、どのような構成で書いた方がよいのかということを考えることが必要です。伝えたいことに応じ、書く方法を選ぶために、各学年でそれぞれの文種の特徴やその書き方をしっかり習得しておく必要があります。引用して述べるのがいいのか、あるいは図表を使って説明した方がいいのかなど、より効果的な構成を考えることができるようにしたいものです。

❷ 考えの筋道をもたせましょう

文章を構成することは、自分の考えや主張といった頭の中にあるものを整理することそのものです。自分の考えを明らかにする手立てを取り入れ、表出することで思考整理をさせましょう。メモやマップなど、学年の発達の段階に応じて、大まかな構成の型を示してあげることも必要です。考えの道筋を作る経験を積み重ねることが構成力アップのカギとなります。段階的に取り組みましょう。

❸ 交流（対話）によってよさを見つけさせましょう

構成の段階で自分の頭の中を整理させたいものです。自分自身ではなかなか気付けないことも他者との交流（対話）によって気付ける場合もあります。どのように書けばよいのか、自分が伝えたいことが相手に伝わるのかといったことも友達と交流することによって、確かめることができます。そのためにも聞きたいことが聴ける対話状況を作り出しましょう。

Q

9　表記（“てにをは”など）や誤字・脱字など気になることの指導は、どこまですべきでしょうか？

A　１字１字を訂正すると、面倒くさい、だからもう書きたくない、となりがちです。６年生までに正しく書ければいいんだ、ぐらいの大らかな気持ちで教えましょう。

【ポイント】

①「てにをは」等の正しい使い方は、教師が書く文章の中でさりげなくモデルを示します。

②１文字で意味が変わるモデル文を示し、日本語の不思議さに気付かせます。その際、生活場面の仮想空間を設定した劇化を通して、演じさせると実感を伴った理解をさせることができます。

③誤字・脱字、格助詞を積極的にふだんの板書に取り入れて、子どもが大好きなクイズにして提示（学習材化）しましょう。

ぼくが、友達の家に遊びに行ったとき、「のどがかわいたでしょう。ジュースとお茶はどっちがいいですか？」と聞かれたので、「お茶がいいです。」と答えました。

わたしが、友達の家に遊びに行ったとき、「のどがかわいたでしょう。ジュースとお茶はどっちがいいですか？」と聞かれたので、「お茶はいいです。」と答えました。

❶ 子どもの作文のコメントの入れ方

作文でまず大事なのは、書き慣れること。「わたしわ」あるいは鏡文字等の間違った表記に修正の印を入れるのではなく、教師からのコメントの中にさりげなく正しい表記のモデルを示します。

❷ 一文字で意味が変わるモデル文を示す。「が」と「は」の例

教師「友だちの家に遊びに行きました。」子どもA（黒板に向かって右側下手から入ってくる）こんにちは。」母親「あら○○君、いらっしゃい。のどがかわいたでしょう。ジュースとお茶はどっちがいいの？」子どもA「お茶がいいです。（二回目はB「お茶はいいです」）教師は、この子どもAとBの伝えたいことは同じなのかを問います。「お茶がいいです」は、お茶こそ自分が飲みたいものなんだ、ぜひお茶を飲ませてほしい、の意味になります。対して「お茶はいいです」は、お茶は飲みたくないので、断りたい気持ちがこもります。このようにして「てにをは」を使い分けている子どもの作文を使って劇化を愉しませます。

❸ 誤字・脱字を入れたクイズ形式の板書でノートづくり

教師が、「ワタシワ　ゴハンヲ　タベマシタ」と声に出しながら、「わたしわ　ごはんお たべました」と板書します。正しい表記に修正してノートに聴き書きさせます。板書をどう修正したのか全員で確認します。

板書を利用したクイズ例

①わたしわ、たくさん、遊んで帰りました。
（わたしわ ×、わたしは ○）

②そして　ごはんお食べました。
（ごはんお ×、ごはんを ○）

③二はい、おかわりしました。

Q

10　個人差（スピードなど）に応じて気を付けることは何でしょうか？

A

すぐにとりかかって一気に書き上げるタイプと、ある程度考えてから書き始めるタイプの見極めが大切です。そのどちらでもなく書き慣れていないため鉛筆が動かないタイプ、書く材料が不十分なため書き出せないタイプもいます。

①子どもが書いているときは、個別指導の絶好のチャンスです。座席表を使って、学習者のタイプをチェックし、個に応じたアドバイスを行います。
②中学年以上では、速書きができるかどうか、調査が必要です。

運動会のことなら書きたいことがあるわ。応援リーダーになって、みんなをリードしたこと。書き出しは、応援リーダーに立候補したところから。どんどん書けるわ。
ぼくは、応援リーダーになって最後までやりとげることができたのが嬉しかったんだけど…。なぜがんばれたんだろう？３つの出来事の順番をどう並べたら説明できるかな？
みんなどんどん書いているけど、まだぼくのノートは今日も真っ白なままだな。運動会のことを書くのはわかっているけど…。どうしていいのかわからない。
あれ、字を丁寧に書いていたら、何を書きたかったのか忘れちゃったわ。もう、いらいらする。

❶子どもが書いているときは、個別指導の絶好のチャンスととらえる

子どもと個別に小さな声で話をしながら、頭の中を探っていきます。すぐに書き始める子に対しては、結論を最初に書く、あるいは最後に謎がとけるような仕掛けをする、話者の視点を変えた書き方に挑戦してみるなどの工夫を行うように指示を与えます。ちょっと考えてから書き始める子には、伝えたいことの中心や今回選択する構成について確認し、情報が整理できるように支援します。考えあぐねて書き出せない子に対しては、書き出しの例を三～四通り示したり、「ことばの地図」を途中まで一緒に作ったりして作文のスタートが切れるような支援を行います。子どものタイプと実際に行った支援内容については、座席表に記録しておきます。慣れてきたら、想定している支援を付箋紙に書いて貼っておき、必要なときにすぐに子どもに渡すこともできるようになります。

❷思考のスピードに見合った速書力を身に付けさせる

中学年になると、子どもの思考のスピードは増していきます。それに比例して、文字を書くスピードが増していかないと、書いているうちに考えたことを忘れてしまって、書くことが面倒になり作文嫌いを生み出すことになりかねません。作文を書くときの文字は、自分で読める程度に字形が整っていれば十分、という指導をあらかじめしておいた方がよいでしょう。

●ふだんの授業では、「先生と同じスピードで書きなさい」のように自分の書くスピードを自覚的にコントロールさせたり、「一五分間で書き終えなさい」のように大まかな終了時刻を示したりしてから書く活動を始めるようにする。

Q

11　例文はどんなことに気を付けて書きますか。どのように提示しますか？

A

目標とする表現が明確になるように作成します。提示するときは、
・教師がその場で書く。
・事前に作成したものを貼る。
・子どもの作品を拡大して貼る。　などがあります。

どんな表現の工夫に気付いたかな。
倒置法もあります。
雲をソフトクリームにたとえています。
表現の工夫があるのとないのとではどう違うかな。
ソフトクリームにたとえると雲のイメージが頭の中に広がります。
雲が散歩しているって擬人法です。

例「生活文」工夫なし
　今日は空に雲がありました。雲は流されていました。あの雲にのって、遠くに行けるかな。
　昨日の夢に出てきた南の島にいつか行ってみたいなと思いました。

例「生活文」工夫あり
　今日の雲は、まるでソフトクリームのようでした。雲は、気持ちよさそうに空を散歩していました。あの雲にのって、遠くに行けるかな。
　いつか行ってみたいな、昨日の夢に出てきた、南の島に。

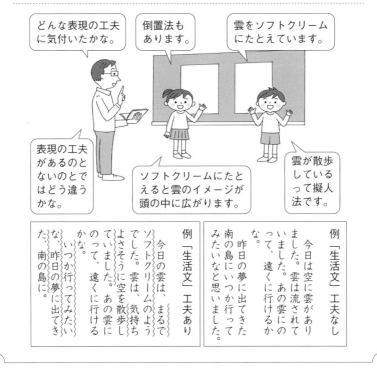

❶ 気付かせたい内容が含まれた例文の作成をしましょう

例文の目的は、一人一人の表現力を上げることや学級全体で使う言葉を共有することなどが考えられます。書かせたい内容につながるような例文をつくる必要があります。そのため例文を作成する目的を明らかにして書きましょう。気付かせたい部分が文章の中でどんな意味をもつのかを考えさせるためには全体を通して書きます。また、子どもがつまずきそうなところを焦点化するためには部分的に書きます。少なくとも三文構成で作成し、文レベルでの検討をさせます。

❷ 表現の工夫を取り入れましょう

内容とともに表現の工夫として、どんな言葉が、どのように、どこで使えるのかを考えさせる必要があります。実際に使う言葉としては「修飾語」など、技法としては「体言止め」など様々なものがあります。どのような工夫をさせたいのか見定めて、取り入れていきます。また、工夫によって文章から読み取れることや文章の印象がどのように変わるのかを交流することも大切です。

❸ 複数の例文を提示しましょう

例文を提示するとき、子どもたちが一番見つけやすいのは、表現の工夫があるものとないものとの二つを提示して比べる方法です。一緒に見つけて、色をつけたり、枠囲みをしたりしておくと、印象に残ります。表現の工夫に慣れているならば、工夫の部分を空欄にした例文を準備するという方法や一から全員で作成する方法があります。みんなで話し合いながらどんな言葉が適切なのか考えていくことで、複数の工夫が示されるでしょう。また、子ども一人一人の苦手なことに合わせて個別に例文を作成する方法やいくつかの例文から子どもたちに選択させる方法もあります。

Q

12 文章ジャンルと例文の条件には、どんなものがありますか？

A 文章のジャンルに応じた特性があります。特性は自由に書かれた作文に対して条件付けられた部分であり、子どもが苦手とする条件があれば、そこが例文づくりのポイントになります。

小学校の書くことの文章ジャンルの中には、以下のような文種があり、それぞれに応じた独特の条件があります。

経験したことなら書けるけど、詩や意見文なんてどうやって書いたらいいのかわからないよ… 。

①生活文→（条件）経験したことを自由に書く
②手紙文（依頼文・礼状）→（条件）あいさつ　用件・お願い・お礼　奥付
③創作→（条件）場の設定（時・場・人物）　出来事　起承転結
④詩（短詩型作文）→（条件）感動・発見　短いことば・リズム（七五調）繰り返し　季語
⑤随筆→（条件）身の回りの事象　自分なりのものの見方・とらえ方
⑥説明文→（条件）作り方や遊び方等の説明　順序　事例　問いと答え　写真・図表
⑦紹介文・推薦文→（条件）知っている自分が知らない人に対して教える、勧める
⑧意見文→（条件）自分の立場・意見　頭括型・尾括型・双括型
⑨批評文→（条件）他者の文章を内容と表現の両面から評価し、よい部分を取り上げて書く

④日記から詩づくりを行う場合

教師「詩ってどんなものですか?」子ども「短いことば」、「音読するとリズムがよい」、「句読点や行替えは自由」教師「感動や発見が入っている」毎日取り組ませている日記から、感動や発見があるものを選び、子どもに教材として示します。

1　今日の給食は、カレーでした。
2　赤い福神漬けもついていました。
3　おいしかったです。

子どもと対話しながら詩につくり直す

題　おかわり2回
1　毎日でも食べたい　食べたい
2　あまくち好き好き　ちゅうから苦手
3　おばあちゃんのは　最高　最高
4　おかわり2回　させてちょうだい

日記文と詩をそれぞれ音読してみて、どちらがことばがいきいきしているのか比べます。

⑧日記からリレー式に意見文をつくる場合

教師「意見文ってどんなものですか?」子ども「自分の考えや意見が入っています」、「だれかの意見に賛成や反対の立場を決めて書きます」教師「頭括型や尾括型、双括型の構成があります。今日は頭括型で書いてみましょう」日記から、その子なりの意見が入っているものを選び、学級通信七号に載せて提示します。「例　わたしは給食をやめて弁当にした方がよいと思います。理由は、天気のよい日は、外で食べることもできるからです。卵焼きを作って入れたいです。」

子どもと対話しながら学級通信八号に載せる投稿(意見文)を作ります。「例　わたしは、七号に載ったAさんの記事に反対します。確かに外で食べるのは魅力的です。友達ともっと仲良くなれるかもしれません。しかし、親は今よりもっと忙しくなるのではないでしょうか。」

このようにしてリレー式に続けていきます。

Q

13　推敲の仕方の指導はどうしたらよいでしょうか？

A　短い期間で行う推敲と長い期間をかけて行う推敲があります。子どもが精一杯書いた作品です。すぐに手直しをすることにこだわりすぎず、次へのスタートを切らせることを重視しましょう。

【アイディア】
①教師の間違い作文を推敲させます。
②友達の作文を回覧しながら、推敲します。
③時間を置いて、自分の作文を読み返し、文集に仕上げます。

次に書くときには、もっと言葉を選んで書きたいわ。
推敲しているときの心の声
誤字・脱字を修正
原稿用紙の使い方をチェック
すてきな表現、おしゃれな表現、共感する意見等に花丸

友達の作文を回覧しながら、推敲している子ども

（注：推敲は厳密には含みません）

❶ 教師の間違い作文を推敲させます

表記の間違いを全体指導するときには、子どもに劣等感をもたせぬよう、子どものものではなく教師の作文を使って行います。教師「いくつの間違いがあるでしょう?」子ども「三つです」「四つあります」黒板や電子黒板を使って、全員に見えるように提示し加除・修正させていきます。単に間違い探しではなく、「もっといい表現がないかな」と問いかけることが大切です。推敲するときの記号も教えておきます。間違いは、二重線で消す、書き直しは一本線で見せ消《みせけ》ちし横に正しく書く、言葉を追加したい場所には「く」の印で挿入するなど、全員で共有化します。

❷ 友達の作文を回覧しながら、推敲させます

書き上げた作文でも書いている途中の作文でも構いません。回し読みしながら、相互に推敲していきます。何も書き出せていない子どもや短くしか書けていない子どもがいるかもしれません。そういう相手には質問を書かせます。間違いを直すだけではなく、表現のよさやものの見方・考え方のよさを見つけて花丸をつけたり、一言感想を書かせたりします。友達の作文を推敲する観点が豊かになるにしたがって、自分が書くときにその観点が活用されていきます。

❸ 時間を置いて読み直し、文集に仕上げます

一年生の頃に作った文集を数年経って読み返すと、字の拙さに驚いたり、自分のものの見方を新鮮に感じたり、まるでタイムスリップしたかのような気分になります。書いたときにはそう思わなくても、自分が成長した後に見直すと直したいところが自然に出てくるものです。

Q

14　お互いの作品から学び合うには、どのような交流をすればよいのでしょうか？

A　書いている途中や書き終わったあとなど、いつでも交流できます。グループによる読み合わせや文集づくりをして、お互いに評価や提案ができるようにします。

交流では、表現や文章を受け止め、吟味し、対案を出し合い、批評するような読み味わう「読むこと」の学習が生きるようにすることが大切です。書いた内容や使っている言葉について「どうして」と問答させながら交流をさせましょう。感想を交流するだけではなく、改善への提案までできるとよいでしょう。もちろん何でも言い合える学級に育てておくことを前提とします。教師も積極的に交流にかかわり、交流のモデルになりましょう。

❶▼書いている途中の段階で交流させましょう

書き出しや書いている途中に悩んでいる子どもたちは多くいます。書いている途中に交流させることで、友達の書きぶりや使っている言葉が参考になります。また、このまま書き続けて大丈夫だろうかと心配している子どもたちもいます。交流によって肯定的や共感的にとらえてもらったり、教師のヒントメモカードなどによりアドバイスをもらったりすることで安心して書き進めることができます。

❷▼できあがった作品をもとに交流させましょう

文集をつくってポートフォリオ的に蓄積しておけば、これまでの学習を生かして、これからの学習につなげることもできます。全員の作品が載っているので、それぞれの作品を読み比べることができます。見つけたよいところに付箋を貼らせておくと、子どもたちはそれを頼りに見つけられます。

できあがった作品をグループで読み合うことも大切です。短時間で一人も漏れることなく、読んでもらい、長所や短所から全体的感想まで広く交流することができます。単元での表現の目標やそれまでに学んできた擬音語、擬態語や体言止めなど、表現の工夫などを観点として挙げておけば、そのことを中心に話し合いが進みます。当然教師もグループの一員です。

Q

15　表現力を向上させるには、どうしたらよいのでしょうか？

A

・読書をさせる、
・言葉の書き換えの練習をさせる、
・書く目的をもたせる、
・友達と交流させる　　などが考えられます。

『言葉の書き換え』

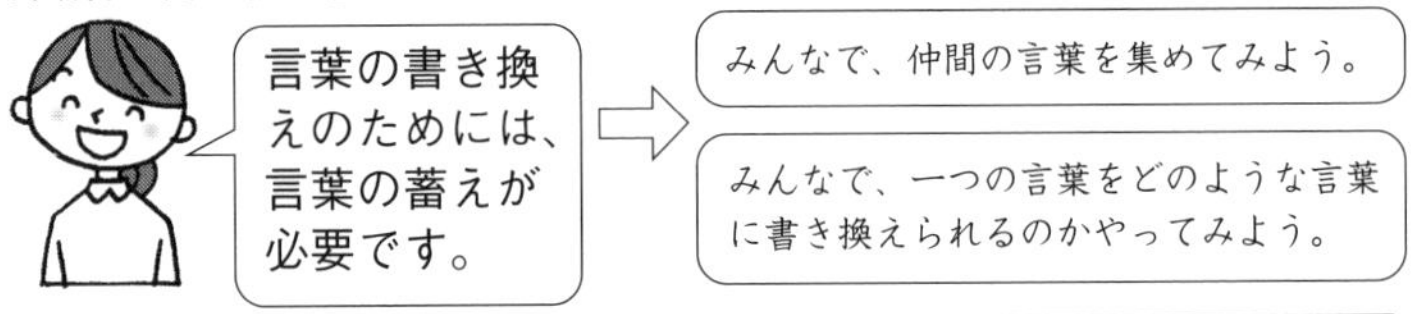
言葉の書き換えのためには、言葉の蓄えが必要です。
みんなで、仲間の言葉を集めてみよう。
みんなで、一つの言葉をどのような言葉に書き換えられるのかやってみよう。

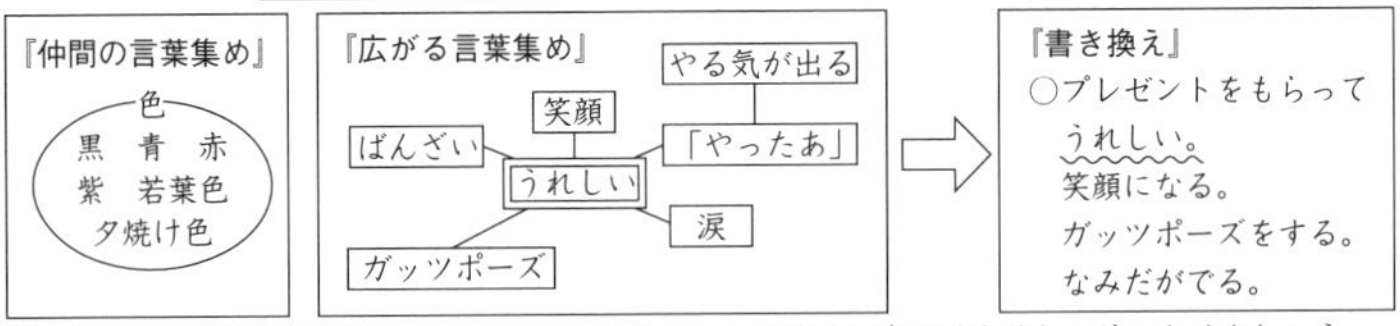
『仲間の言葉集め』
色
黒　青　赤
紫　若葉色
夕焼け色
『広がる言葉集め』
やる気が出る
笑顔
ばんざい
「やったあ」
うれしい
涙
ガッツポーズ
『書き換え』
○プレゼントをもらって
うれしい。
笑顔になる。
ガッツポーズをする。
なみだがでる。

※言葉は「ことばの貯金箱」として掲示したりノートの後ろに書かせたりして貯めさせましょう。

1年生への手紙だから、簡単な言葉に換えなくてはいけないね。
読書でたくさんの言葉に触れさせましょう。

『目的をもたせる』

『読書をさせる』

『友達と交流させる』

どうしてこの言葉を使ったの？
この比喩はわかりやすいな。

❶ どんな表現力を向上させたいのか考えましょう

表現力の向上とは、目的に応じた多様な言葉が使えたり、少しでも内容にぴったりの様々な技法が使えたり、書き手の個性が出たり、自分なりの文体が使えたりすることです。

多様な言葉を使えるようにするためには、言葉を蓄えることが必要です。言葉を蓄えるには、日頃から言葉集めをするとよいでしょう「仲間の言葉集め」や「広がる言葉集め」をします。また、読書も効果的です。読書後に言葉集めをすると新たな表現が見つかることが多いようです。

❷ 書き換えの機会をつくりましょう

言葉の蓄えがあっても、どのように使えばよいのかわからない子どもたちもいます。そこで、教師が例文を出し、その時間に書く作文に合う書き換え方を提示します。これまでに蓄えてきた言葉とともに提示し、どの部分が変わったのか、もとはどんな言葉だったのかなど想像させるのもよいでしょう。また、書き換えることで文章がどのように変わったのかなども話し合わせるとよいでしょう。はじめは一文の中で書き換えていき、やがて文章の中での書き換えに進めていくようにしましょう。

❸ 自分の作文に使わせましょう

蓄えてきた言葉、例文を参考にして、実際に作文を書かせます。このときに目的をはっきりさせることも大切です。誰に伝えたいのか、何を伝えたいのか、どのように伝えたいのかについて決めると言葉選びへの意欲も高まります。うまく書けている子どもの作品を交流することも大切です。子どもたちが、読み手は誰か、読み手はどう受け止めるのかなど、目的に応じて言葉を使い分けられるようになっていることを大いに褒めてやりましょう。

Q

16 書き言葉と話し言葉は、どう教えたらよいのでしょうか？

A 子どもの話し言葉を、教師が書き言葉に変換する作業を行うと効果的です。

①入門期の作文指導は、話し言葉風に行わせましょう。
②子どもの話し言葉を、教師が書き言葉に直して見せるとしだいに慣れてきます。
③ペアやグループ学習では、ノートに書いた自分の意見を読むだけではなく、自分たちのふだんの話し言葉で行うことを奨励しましょう。

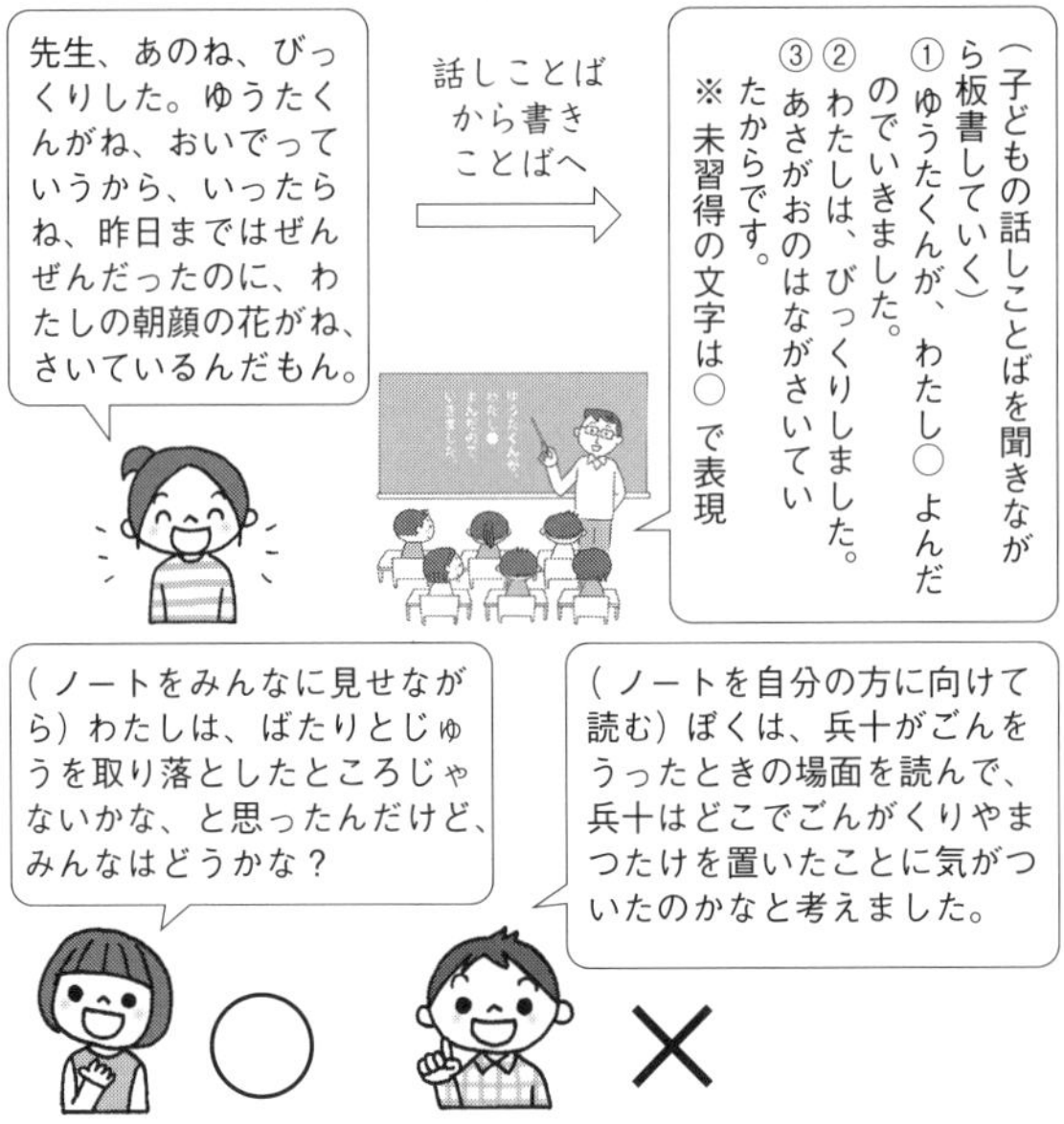
先生、あのね、びっくりした。ゆうたくんがね、おいでっていうから、いったらね、昨日まではぜんぜんだったのに、わたしの朝顔の花がね、さいているんだもん。
話しことばから書きことばへ
（子どもの話しことばを聞きながら板書していく）
① ゆうたくんが、わたし○よんだのでいきました。
② わたしは、びっくりしました。
③ あさがおのはながさいていたからです。
※ 未習得の文字は○で表現
（ノートをみんなに見せながら）わたしは、ばたりとじゅうを取り落としたところじゃないかな、と思ったんだけど、みんなはどうかな？

（ノートを自分の方に向けて読む）ぼくは、兵十がごんをうったときの場面を読んで、兵十はどこでごんがくりやまつたけを置いたことに気がついたのかなと考えました。
○
×

❶▼入門期の作文指導は、話し言葉風に行わせましょう。

入学式で教師が一年生の名前を呼び、「はい」と答えさせることから、教室言葉の学習がはじまります。教室では、これまでの子どもの言語生活を無視して、いきなり「です・ます」を基調とした書きことば風の物言いを求めがちです。子どもにとって使いやすい「ふだんの話し言葉」をそのまま使って「先生あのね」を書く学習をスタートしましょう。まだ習得していない文字は○で表現させても構いません。「伝えたい」、「伝えてよかった」という作文の楽しさを味わわせることが大切です。

❷▼入門期では、子どもの話し言葉を教師が書き言葉に直して見せる。

子どもは、言いたいことがあると一所懸命語り始めます。そのお話を教師が聞き取って黒板に書き言葉の作文として表現し直します。省略されがちな主語はきちんと入れて、主述の整った簡単な構成の文を作るように心がけます。このような教師の採話活動を行うと、子どもはあまり抵抗を感じずに、書き言葉に慣れていきます。

❸▼話し合い活動では、プライベートな話し言葉とパブリックな書き言葉風の言葉を使い分けさせましょう。

中学年以降では、書きことば風なパブリックな言い方に慣れる子も増えています。しかし、ペアやグループでの話し合いの様子を見ると、ノートに書いた自分の考えを読み上げるだけで、話し合いになっていない状況が見られることがあります。そんな時は、子どもたちのふだんの物言い（プライベートな話し言葉）で話す訓練を行いましょう。話し合う時の言葉づかいを気にせずに内容に集中できて、深い学びができる場合があります。

Q

17　子どもが書いている間の教師の役割は何でしょうか？

A

書く速さや内容は、一人一人違います。教師は、どの子にも目を向け、言葉を掛けていくようにしましょう。

①一人一人の書く活動を見つめ、適切な指導をしましょう。
個人差が大きく出るのが、作文を書く時間です。教師は、一人一人の書く能力を見極めながら、その子に合った指導をしていきましょう。

②個々に合った言葉を掛けていきましょう。
時間を区切って、友達同士で鑑賞したり、アドバイスをし合ったりする時間を設定しましょう。

【座席表例】

（例）テーマ	
構成	段落
表現	語彙

A「とうもろこし」		D	
△	△		
○	○		
B　「米」		E	
○	○		
△	△		
C「牛乳」		F	
○	○		
◎	◎		

座席表を効果的に使うことで指導と評価が有効になります。

❶ 一人一人の活動を見つめましょう

子どもが書いている間に教師がすることは、まずは、立ち止まっている子への支援です。書き出しができない子、なかなか書き進められない子を中心に、言葉を掛けたり、ヒントカードを配ったりすることで、書き進めるようにしましょう。子どもたちが、どの程度の技能や表現力を身に付けているか把握するために、座席表を効果的に使うことをお薦めします。

使い方として、右ページのように、身に付けさせたい指導事項を記号化して記録したり、短い言葉を書き込んだりしていきます。また、同じテーマには、同じマーカーで色付けすることで、子どもたちの交流場面にも生かすことができます。

❷ 個々にあった言葉を掛けていきましょう

子どもたちは、順調に書いているようでも、中には「これでいいのかな」と不安な気持ちをもったまま書いていることも多くあります。教師が、言葉を掛けていくのはもちろんですが、子ども同士で、対話的な学びを取り入れましょう。先ほどの座席表の記録から、同じテーマで書いている友達同士、「ちょっと二人で読み合ってごらん」「○○さんの書き方を見て、相談してごらん」などの言葉掛けで、友達のよいところを見つけたり、自分を振り返ったりすることができます。また、座席表に、ヒントとなるアドバイスを付箋に書いたものを貼っておき、必要に応じて渡すこともできます。

教師の支援も大切ですが、子ども同士の交流場面を意図的に設定していきましょう。

Q

18　書くときの単元・授業構成は、どうしたらよいのでしょうか？

A

単元や授業が進行する時間の経過に合わせて、子どもと学習計画を立てます。単元開始前には、教室の環境づくりをします。さりげなくモデルの作品を示しておきます。

【子どもと立てる学習計画】

①モデル作文を使って、本単元で作り上げる作文のイメージを共有します。
その際、クリアすべき条件（相手意識・目的意識等）を確認します。

②単元の全体像を確認します。これまでに行った作文学習を想起しながら、作品が出来上がるまでの過程（題材選び、相手意識と目的意識の設定、どんな形式で書くのか等）を確認し、出来上がった作品をどう活用していくのか（展示方法等）の見通しをもたせます。

③できた単元計画は、模造紙に書いたり、電子黒板に保存したりして、授業の最初や最後に全員で確認・計画の見直しができるようにしておきます。

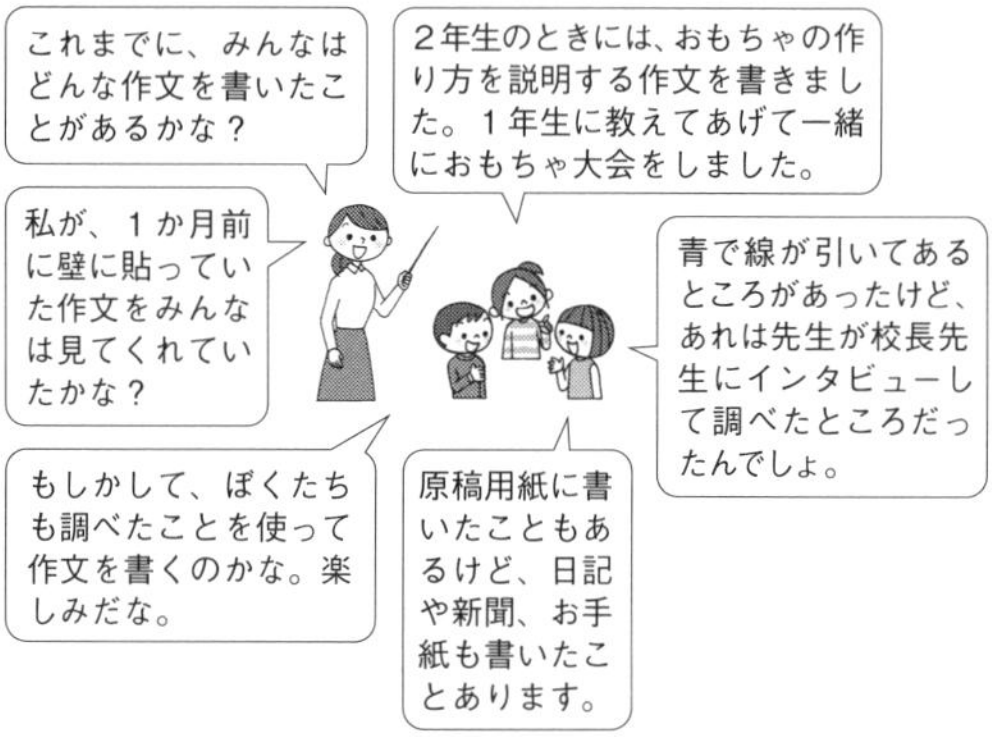
これまでに、みんなはどんな作文を書いたことがあるかな？

２年生のときには、おもちゃの作り方を説明する作文を書きました。１年生に教えてあげて一緒におもちゃ大会をしました。

私が、１か月前に壁に貼っていた作文をみんなは見てくれていたかな？

青で線が引いてあるところがあったけど、あれは先生が校長先生にインタビューして調べたところだったんでしょ。

もしかして、ぼくたちも調べたことを使って作文を書くのかな。楽しみだな。

原稿用紙に書いたこともあるけど、日記や新聞、お手紙も書いたことあります。

❶▼モデル作文を使って、出来上がりのイメージをもつ

教科書にも、モデル作文が載っていますが、出来上がりが素晴らしすぎて子どもの実態によっては「こんなに上手に書けないよ」「こんなに長くは書けないよ」と意欲低下の原因になる恐れもあります。「これなら私にも書けそうだ」と子どもが思える程度の内容と文量に調整した教師、自作の文章を使って作品の出来上がりのイメージを伝えると効果的です。途中を空欄にして「先生、この部分をどう書いたらいいのか困ってるんだけど…」と子どもに相談する授業形態をとり、皆で共同作業で作品を完成させると、簡単に作文の成立過程を体感させることができます。

❷▼単元の全体像を確認する

学習計画の段階で大切なのは、書いた後の作文をどう活用するのかまで計画しておくことです。高学年の委員会紹介の作文の場合の例を示します。Ａ　次年度に委員会に入ってくる四年生のよく見えるところに掲示しておく。Ｂ　放送委員会に頼んで「委員会紹介コーナー」を設定してもらい、お昼の校内放送の番組のためのシナリオにする。Ｃ　四年生の担任に頼んで、時間をとってもらい、教室を訪問してポスターセッション風に発表させてもらう。

❸▼単元計画の確認・計画の見直しをする

実際に作文を書く前にどんな作文技能を自分たちも使っていきたいのかを学習用語化しておきます。③の授業の最後の確認で、Ａ　この時間でクリアできた、Ｂ　もう少し時間があったらクリアできそうだ、Ｃ　まだクリアできそうにない、で自己評価させます。

Q

19　他領域や他教科と関連させながら「書くこと」の年間計画をどのように立てるとよいでしょうか？

A

書く力を習得させるカリキュラムの道Aをつくります。一方で他領域や他教科のカリキュラムの道Bをつくります。AとB、二つのカリキュラムの道を何度も交差させるイメージで計画するとクロスカリキュラムができます。学習活動を支える温かい人間関係づくりとして道徳カリキュラムをベースに置くことが必要です。

【ポイント】

①他領域や他教科で行う体験的学習活動は、書く活動の側からとらえると、材料豊富な取材の場になります。

②活動をしたら書く、また活動をしたら書く、これを繰り返すことによって、書くためにもっと学習活動を充実させようという意識が高まります。

③書く国語力を他教科・他教科で発揮することで、伝え合う楽しみが生まれます。

理科の実験が終わったから、今日もまとめと考察を書いていこう。書いたことをもとに、グループや学級全体での話し合いがあるから、私らしい視点を入れておこう。
○
×
来週からまた作文の勉強が始まるけど、苦手だなあ。理科の実験や社会科の見学は大好きなんだけど…。

❶ 他領域・他教科は、材料豊富な取材の場、「書く」表現の場になります

中学年以降では「調べて書くこと」が指導事項になります。一方、理科・社会科・総合的学習の時間等では、調べる活動が豊富に計画されています。報告文や紹介文、意見文等の「書く力」を育てる一方で、この作文の力を他領域・他教科指導のどの場面で使うのか考えてください。

❷ 書く活動を繰り返すことによって、他領域・他教科の学習活動が充実します

実験を行う、社会科見学を行う前に、教師が「実験の後にまとめと考察を書いて、グループで話し合い、学級全体に紹介してもらいますよ」「見学したことを新聞にまとめて、他の学年や保護者、地域の人に見てもらいますよ」等の声掛けをします。他教科の側から見ると、体験的学習活動の中で記録を正確に残したり、情報を整理・分析したりする必要性が高まり、教科のねらいを達成しやすくなります。書く力育成の側から見ると、一度習得した力がどれくらい活用できているのか評価する場が生まれ、習得が不十分な場合は重ねて指導を行う、習得が十分できている場合は、次の書く力習得へ向かうという判断ができるようになります。

❸ 表現したものを伝え合う楽しみが生まれる環境づくりを

隣の人は自分にとっての宝物です。自分が書いた文章を読んでくれる相手がいて、自分も相手の文章を読むことができて「同じ意見の人がいてよかった、安心した」「へえ、こんなふうに考える人もいるんだ、違う意見の人がいるからおもしろい」。そんな学習活動ができるためには、多様なものの見方・考え方が認められる学級集団づくりが不可欠です。道徳のカリキュラムを念頭においた指導をしましょう。

Q

20 評価で気を付けることは何でしょうか？

A 子どもの書く力の達成度を確認し、今後の指導の要点を発見するような評価になるようにしましょう。また、子どもがそれぞれ書くことへの自信をもつために行う「自己評価」を行うモデルに教師がなりましょう。

①授業の途中で評価を行えば、安心して先へ進むことができます。書く速さや文章の長さ、表現の技法や語彙等、ねらいとする指導事項に沿った観点で評価します。
②教師の評価の観点を子どもと共有します。

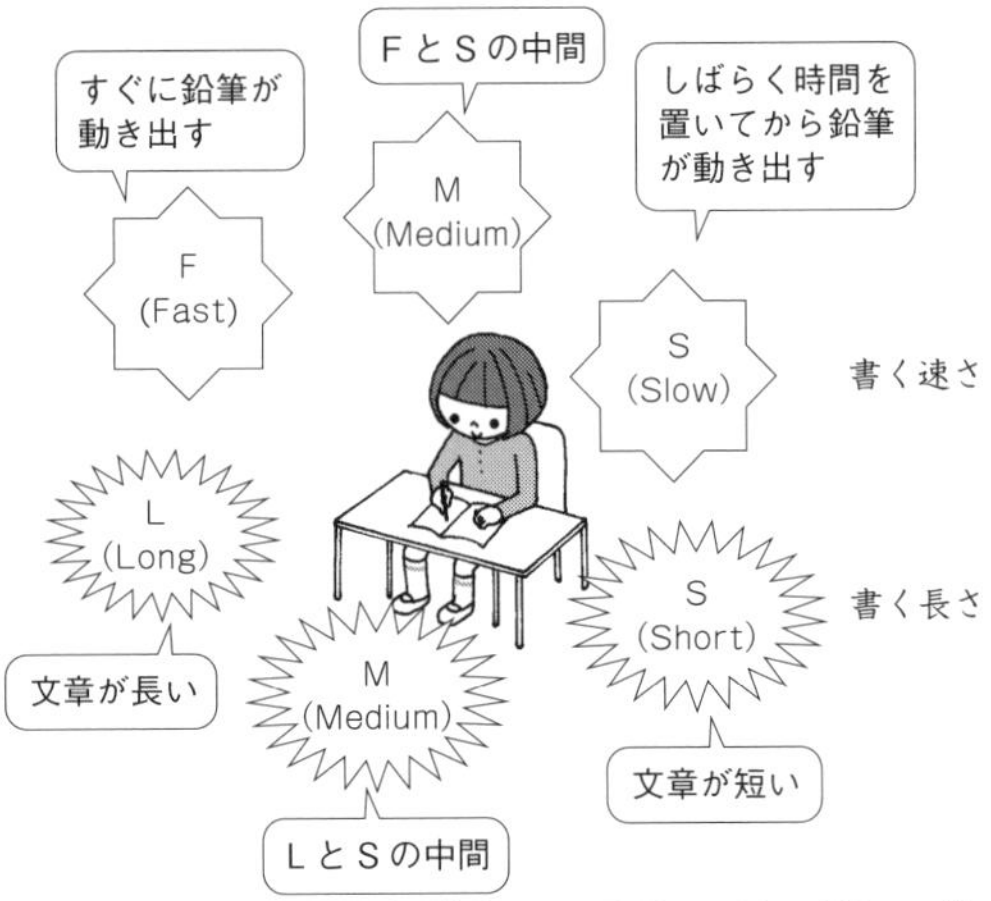

※本時・本単元で習得すべき指導事項に関しては、「G＝グッド・使用できている」「B＝バッド・使用できていない」のような記号で評価するとよい。

❶ 授業の途中で行う評価

授業の一時間一時間で子ども全員の評価を行います。例えば「書く速さ」に気を付けて評価します。書く活動に入ったとき、机間指導を行いながら観察を始めます。すぐに鉛筆が動き出す子どもを「F＝ファースト」。しばらく時間をおいてから鉛筆が動き出す子どもには「S＝スロー」の評価を、FとSの中間の子どもには「M＝ミディアム」の評価を与えます。座席表に記号を書き込んでいけば、どの子がどのタイプなのか一目で確認できます。しばらく時間をおいて、もう一度全員を見て回ります。FやMのタイプの子どもは、順調に書き続けているのか、Sのタイプの子どもはその後どうなったのかを、書く長さの記号をつけてチェックしていきます。すると先ほどまではSだったのに、猛然と書き始めている子どもがいます。書きたいことが頭の中で整ったと考えるべきです。ですからSの子を気にして、書き始めからすぐに大きな声で学級全体への指示を追加する等の行為は控えるべきです。

Fの子は、直感力・決断力に優れている場合が多いです。Fの子の書き出しや優れた記述法を複数黒板に教師が抜き書きすることで、二回目の評価でもS評価の子どもに対して、モデルや材料を示すことができます。

❷ 評価の観点は、教師と子ども両方で共有します。

座席表に評価メモが書けたら、タイミングを見て、「今日のめあてが達成できている人は、Aさん、Bさん、Dさん…」のように全体の場で発表することもできます。短時間の間に全員が評価できます。授業の終わりには、全員の名前が呼べるように教師は個別指導を工夫します。本時の座席表は、次時以降にも活用し、前時までに名前が呼ばれなかった子どもを褒め、認め、伸ばす機会を待ちます。

Ⅲ章

目的に応じて「書く」指導

○はじめに

例1　今日、学校から帰るとき落ち葉がいっぱいだった。
例2　赤・黄・オレンジ　母が好きな色の落ち葉が私に「ここだよ」と声を掛ける。
　私は早く母に知らせたくて落ち葉とタッチしながら家に帰った。

子どもの「書く」に対するイメージが「楽しい」か「苦しい」か決まるのは、私たち教師や周りの大人のはたらき掛け次第ではないかと考えます。例2のように、相手意識をもって五感をはたらかせたり、擬人法を使ったりすることで自分の体験したことを生き生きと表せるようになると「書くこと」は、愉しみとなり生き方と一体化します。

1　書くことが好き

子どもたちの「書く」がきらいなベスト三です。
一、何を書くかがわからない。（目的・内容）
二、どうやって書くかがわからない。（方法）
三、書いた後の処理（評価）がない。（評価）
　教師側の嫌いな理由もまったく同様です。

一、何を書かせたらよいかがわからない。（目的・内容）
二、どうやって書かせたらよいかがわからない。（方法）
三、処理（評価）の仕方がわからない。（評価）次の指導が明確でない。

しかし、子どもたちは、好き嫌いに関係なく一日の中で、機械的・受動的に「書く」を行っています。

・板書を書き写す。（視写）
・きいたことをメモする。（聴写）
・学んだことに対して一般的な感想を書く。などです。

子どもが自分から鉛筆を持ち、書く愉しみを味わうスタートを切るために、いかに目的を提示し、場を設定するかで子どもの文章世界（意識・言葉・技法選び・構成の工夫など）は大きく変わることになります。

◎ここで最も大切で効果的と考えることは
切実感のある具体的な目的のもたせ方です。

「友へ」→「本が嫌いな友へ」→◎「物語が嫌いな友が本好きになるために」のように伝え方・表し方が焦点化されるよう目的を設定させることが教師の役割となります。

平成二〇年版学習指導要領でも一学年から「伝え合う」「述べ合う」「助言し合う」など、相手を意識した表現があり、目的にふさわしい言葉や表現選びと活用力が求められています。

◎次に大事なことは、日常活動として書き慣れることです。書くことが好きで、情報にアンテナをはり、いつでも鉛筆を放さない子どもを育成したいと考えます。

日々、書き慣れさせるために子どもにとって楽しみな文種として、クイズ、かるた、マンガ、かえ歌、アクロスティックなどがあります。朝の時間や授業の導入の数分を言葉ゲームなどに設定すると楽しみな時間になるとともに自然に言葉への関心が高まります。

また、目的をもって書くことにつなげるために、効果的なのは家族や地域にも協力を依頼するリサーチ（情報収集活動）です。リサーチ例として左記があります。

・「ニュース集め」（家族・社会・世界　文化・スポーツなど）
・「生きるって何？」（あこがれている人・理由）

「書く」前に、テーマに沿ったリサーチを一週間ほどさせることで三つの効果があります。
①何を学んでいるか保護者にも理解の場となる。
②家族の考えを尋ねることで交流（ふれあいの場）となる。
③友達のリサーチを読み合うことで様々な考え方を知り多面的な思考のスタートとなる。

指導の工夫1　リサーチの方法やリサーチが偏らないワークシートの作り方も工夫し、リサーチ例を示す。
指導の工夫2　事前のリサーチ期間中に、児童のリサーチ例を配布し、再度方法を確認させる。

（1）書くことが好きになる授業開き例

例　教師のアクロスティック自己紹介

ねらい　教師の人柄や学級への願いが伝わるように言葉を工夫する。

指導の工夫　教師の名前で折句を例文として示す。

ⓒこんなんを楽に変える

ⓝんーんとがんばる子

ⓓ努力する子たくさんほめる

ⓤうっかりミスもおおいので助けてね

例　児童のアクロスティック自己紹介

ねらい　名前を大事にする意識と名前から言葉を生み出す力を引き出す。

指導の工夫1　自分の氏名のどちらかでなるべくつながるようにつくらせる。

指導の工夫2　教師は、あらかじめ案をつくっておき、子どもの考えがまとまったときにヒントとして提示する。

ⓜまっすぐ進む

ⓢさいしょはだめでも

ⓨやればできるよ

※学校行事での決意表明などにも活用できます。

(2) 児童の実態の取り方

実態には、書くことが好きかどうかの関心・意欲、そして語彙力、書写力、速書力などがあります。時間内に決められた字数で書けるか、も必要です。

実際に書かせるときは、テーマや字数、使うべき言葉や技法の条件設定をしておきます。

例　低学年　自分のお気に入り（自分の自慢）八〇字ちょうど
　　中学年　家族の自慢　一五〇字ちょうど
　　高学年　学校や地域の自慢　二〇〇字ちょうど

低学年　五感を表す言葉や「　」を使う。
中学年　擬態語・擬音語を使う。書き出しの工夫をする。
高学年　比喩を使う。書き出し・結びの工夫をする。

実態把握は、目標設定や個別指導（記述中の言葉掛けやヒントのメモ渡し）・評価などに役立ちます。

条件を満たした文章は、全体に紹介して工夫点を可視化します。

例　二年
「ぱりぽり」ぼくのお気に入りは、きゅうりです。ぼくは、きゅうりが大すき。緑で細長くてぼくのおやつ。「きょうもとれたてだぞ」おじいちゃんの畑でとれたきゅうりは最高。
↓ぱりぽりの音が楽しい。「とれたて」や「最高」でおじいちゃんも喜びそう。

五感を表す言葉（音、色、形）や「　」に花丸を付けさせるほめほめコーナーなどを設定して自己評価や相互評価で認め合うと互いの言葉を活用する意欲が増します。

2 目的に応じて文章内容が変わる

何のために書くのかを意識すると書く姿勢が変わります。書写力や言葉の吟味力も加わります。ただし、事前に、相手が喜ぶ言葉や表現を調べて集めておく必要があります。

(1) 楽(愉)しむ・楽(愉)しませるために

文種1　相手も愉しむ　詩

低学年「家族の好きな音を使って」

ねらい1「家族が喜ぶ音(擬態語　擬声語)を使う」

ねらい2「読み手に伝わるようなエピソードを入れる」

指導の工夫1　事前に音言葉を集めさせて紹介し、集めることができない児童の参考にさせる。

指導の工夫2　音言葉の部分を空欄にしてクイズ風に一緒に考えさせる。

例　シャカシャカ　ショクショク

何の音　おいしい音

おかあさんがお米を洗う音

シャカシャカ　ショクショク

白い水も出てきたよ

ああ　楽しみだ
今から三十分たったらほかほかごはん

文種２　組み立てを楽しむ　物語文

全学年「三枚の絵からお話づくり」

ねらい１「三枚のつながりを工夫する」

ねらい２「低学年　五感を表す言葉を使う
中学年　複数の熟語を使う
高学年　比喩を使う　故事成語やことわざを使う」

指導の工夫１　三枚の絵の選び方を工夫する。遠景・近景・事件。
登場人物の人数など

指導の工夫２　絵から想像したことを話し合う場をつくり互いのヒントにする。

例

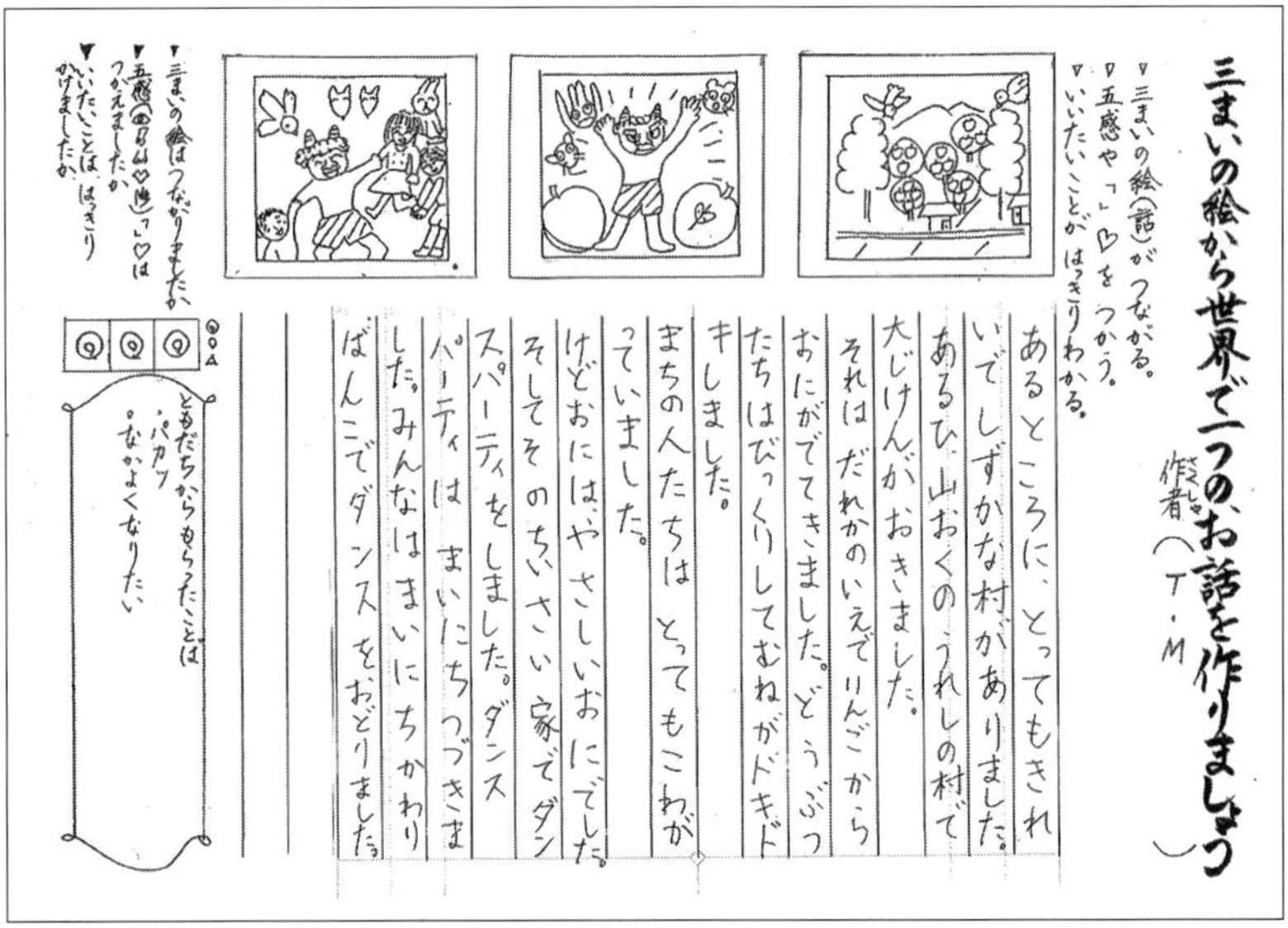
三まいの絵から世界で一つのお話を作りましょう
作者（T・M）
▽三まいの絵（話）がつながる。
▽五感や「」♡をつかう。
▽いいたいことがはっきりわかる。
あるところに、とってもきれいでしずかな村がありました。あるひ山おくのうれしの村で大じけんがおきました。それはだれかのいえでりんごからおにがでてきました。どうぶつたちはびっくりしてむねがドキドキしました。まちの人たちはとってもこわがっていました。けどおにはやさしいおにでした。そしてそのちいさい家でダンスパーティをしました。ダンスパーティはまいにちつづきました。みんなはまいにちかわりばんこでダンスをおどりました。
▽三まいの絵はつながりましたか
▽いいたいことは、はっきりかけましたか
◎○△
ともだちからもらったことば
・パカツ
・なかよくなりたい

(2) 伝えるために

文種3　相手に思いを伝える手紙（礼状）

高学年「田植えを教えていただいた方への礼状」

ねらい1「書き出しや結びに季節の言葉を入れる」

ねらい2「教えていただいたときの言葉やエピソードを入れる」

指導の工夫1　礼状の構成を伝える例文を作成する（前書き　本文　結び　後付）

指導の工夫2　相手に思いを伝える工夫として具体的な数やエピソード、言葉の引用を示す。

「緑の風が心地よい季節です。お変わりなくお過ごしでしょうか。

先日は、お忙しい中、ぼくたちのために田植えの仕方を教えにいらしていただきありがとうございました。田植えの仕方もはじめて知りました。ぼくは「声の肥料。足音の肥料」ということばが心に残り、家族にも教えました。稲にも人の声や心が伝わるのだと思うと物を作ったり、育てたりすることがもっと楽しくやりがいがあるなと思いました。イチロー選手にもお米を送ったり、健康を考えた食材をレストランに納めたりされているということで安全・安心も育てていらっしゃると思いました。これからもぼくたちに稲や他の野菜のことを教えてください。

お忙しい毎日と思いますが、くれぐれもお身体お大事にご活躍ください。」

文種4　様々な立場を経験する意見文

高学年「森林の贈り物」

ねらい1「立場の異なる意見や対立意見も必ず入れる」

ねらい2「図表や過去からのデータなども入れる」
指導の工夫1　森林にかかわる様々な立場を想定する。森林を守る立場、伐採する立場（活用する立場）、森林に守られている立場など
指導の工夫2　主張したい立場にふさわしい図表や伝えたい相手が納得できる資料を用意する。
○ぼくらは森林。年はまだ五百歳。今まで長生きした木はアメリカの松で四千九百歳。エジプトのピラミッドが建てられたときぐらいだよ。でも人間が歩きポイすてをして山火事が起こるとキミたちが百歳生きてももとに戻らないんだ。また、酸性雨を降らせると人間にも被害を与える。酸性雨の主な原因は、自動車の排出ガス…（酸性雨などの図表）
○ぼくは森林を伐採してゴルフ場をつくり生活している。森林は人間にとっての水がめだし、漁獲量も影響するし、植林した木が成長するのに何十年何百年かかると分かっている。でも、ぼくたちはぼくたちで生活がかかっているし、空気のよい場所のゴルフ場も求められている。（森林の成長グラフ・ゴルフ場の数）
◆考えや立場が異なる意見文を読んだ後、双方を説得できる資料、図表なども加えた意見文を書かせることもできる。

（3）言葉を貯めるために（日常活動として言葉集めゲーム・言葉図鑑・発見ブックなど）
目的や相手に応じて言葉を使いこなすためには、多くの言葉を貯める（集める）ことが大切です。日々、授業や登下校、テレビなどで発見した言葉をためていきます。友達の作品を読み合うときは、

その時間のねらいとなった五感を表す言葉や比喩を取り出します。

国語以外の授業でも読書でもインターネットでも「すてきだな。使いたいな」と思う言葉を言葉集めノートに書き出しておき自身の活用のヒントとします。

集めた言葉を一冊のノートに貯めていくことから、「言葉の銀行」とネーミングしても楽しいです。

言葉に抵抗がある子どもに、絵で表す「発見ブック」も提案します。身近な季節を表すものの簡単な絵を描き、コメントをつけていきます。

例　みかん　まるくて橙色。種類は多くオレンジ、橙、夏みかん、でこポンなどもある。など

最初は、一言から次第に説明文や詩などにも発展できます。

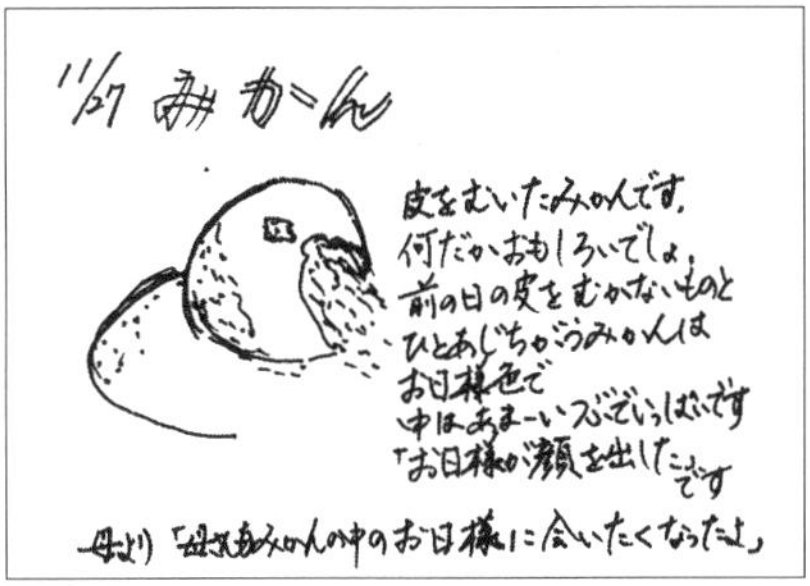

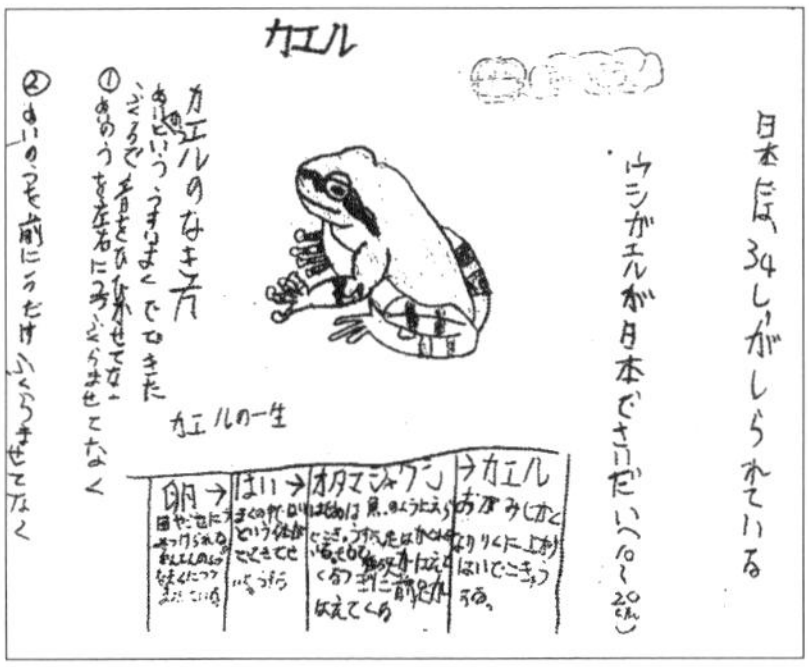

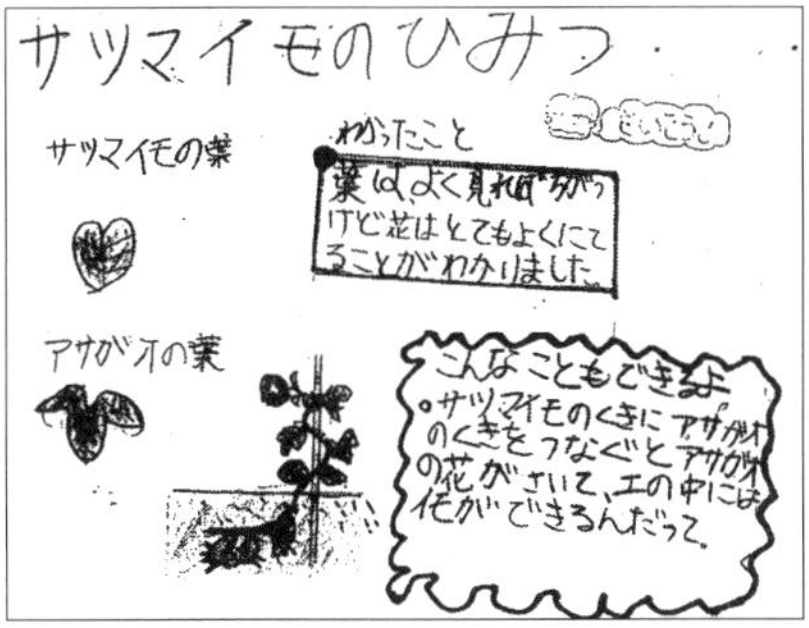

（4）貯めた言葉からの活用法

貯めた言葉や表現は、他の文種や他の教科でも活用できるので達成感を味わうことができます。活用した作品は、互いに紹介し合い、使いたい言葉や表現法をまた、言葉集めノートに書きためることを繰り返すと、互いの言葉や表現に生かされていくことを実感できます。

○言葉図鑑から　日記や詩に

例　ぴったり

・自分に合う

・わたしにぴったりの服

↓

そうじじかんに○君がみぞのところのコンクリートのふたをぴったりはめてくれました。力が強いなと思いました。それからテラスをほうきではきました。おかげでテラスはピカピカになりました。

この文章を、全員に紹介すると「おかげ」や「ピカピカ」を取り出す子どもが多く、この二つの言葉を使うことが次の日記の課題となりました。

○発見ブックから説明文に

例　さがにはとんぼがたくさんいます。とんぼのことを調べてみました。とんぼはとんでいるとき足を体につけます。前羽は別々に動き、動かす筋肉もちがうので他の虫より飛ぶ力が強いです。とんぼの前羽と後羽をくっつけてみると、飛べませんでした。今度はとんぼの種類ややごのことを調べてみたいです。

言葉一つに対して関連する言葉（名詞・形容詞・動詞〈反対語・同義語〉やことわざなど）また説明や詩・俳句を加えたりするとそのまま作品が生まれます。

3　目的に応じて書き方（方法）が変わる

目的や相手に応じて、書くときの手順や思考方法が変わります。

一般的に書く際の手順は、取材・集材・選材・構成・記述・推敲であり、構成の工夫も必要です。

そこに、相手を想定した目的が加わると次の三点が必要となります。

1、事前取材の必要性
2、リライト（書き換え）の必要性
3、文種の検討の必要性

相手意識があると相手にふさわしい言葉選びをするために相手が何を求めているのかを取材します。

「自分の地域のよさを他地域の方にわかるように説明しよう」の場合は、事前に地域のよさを多くの方に実際に取材して回る、書籍やインターネットで資料を取り出すなどの事前取材が必要です。

文種5　資料を使って伝える　説明文

中学年「くらしのアイディアパンフレット」

ねらい1「相手を喜ばす言葉を入れる」
ねらい2「図や表を入れて初めて知る人にもわかる工夫をする」
指導の工夫1　事前に調べたお年寄りの願いに合ったものを紹介し合わせる。
指導の工夫2　目的にふさわしくわかりやすい資料例（図表）を紹介し、選ばせる。

単元「とっておき！くらしのアイディア大事典～相手を喜ばす言葉～」より
おとしよりに長生きできる食品を伝えて喜ばせたい。
「役立つ身近な大図鑑」
　役立つ食物　それも長生きできる食品なのです。その食品は意外にも身近なところにあります。（クイズ）赤くて丸いものです。正解はトマトです。トマトには（グラフ）ビタミンCやβカロチンのほかにリコピンというがんにならない成分が入っていて、お年寄りの人などにはとてもよい食物なのです。名づけて「長生きトマト」ピザやサラダにしたらおいしくいただけます。

文種６　虫のふしぎさ説明文（クイズ付き紙芝居）
中学年「身近な人に発見した虫の不思議を伝えよう」
ねらい１　説明文の四つの構成（問題提示・観察実験・研究・まとめ）を入れる
ねらい２　伝えたい相手がわかる工夫をする（まんが　カット　表など）
指導の工夫１　四段落になるための順序言葉や接続詞を示す。
指導の工夫２　根拠や実験の例や文種の例を示す。
例　チョウは特に形がよく見えません。ではどんなふうに花を見ているのでしょうか。（クイズあり）
一匹のチョウがきれいなつつじにとまり、花の中に入りました。ふしぎです。目があまり見えないのですから。本で調べたらチョウは花粉が濃く見えて見分けが付くことが分かりました。だから花に止まるのです。チョウは目が見えなくても特殊なことが分かる目だということが分かりました。それで…

文種7　ニュースキャスター

高学年　あなたはニュースキャスター（鉛筆対談）

ねらい1「様々な立場の人への取材を入れ、時間内にまとめる」

ねらい2「自分の意見の解説や相手の意見との共通点を必ず入れる」

指導の工夫1　様々な考えを持つ立場（役）を設定し、キャスターが双方の意見をまとめるよう示唆する。

指導の工夫2　相手の考えを否定するのではなく受け止めて考えを述べる表し方も示唆する。

例

○キャスター「今日はロボットは心をもつべきかどうかご意見を伺います」

◎もつべき人「アシモフのロボット三原則第二条「ロボットは人間の命令に従わなくてはならない」について「人間はロボットに命令するのではなく友達という関係が望ましいと思います」わけは

…

◇もつべきでない人「ロボットが不満ばかり言って肝心な仕事をしなくなるのではないと思います」

○キャスター「なるほど人は楽をしようとロボットに次々仕事を任せるかもしれませんね。心をもつとロボットは、不満をもちますが、相手のことを心配し、相手の悩みも考えられるかもしれませんね。お互いを大事にする関係ができればよいですね」

4　目的に応じて生かし方（活用）が変わる

自分の将来や、友達や未知の人の未来に生かすために、「書く」設定を工夫します。

①自分が次に書くためのヒントとして
②行事等に参加する心構えや参加しない人への伝達として
③読書への誘いとして
④文章を読んで交流したことを生き方にプラスするために

①の例　子どもが集めた言葉のヒントコーナー例

掲示物（言葉集め）（五感集め）

色　形 大きさ	あざやか　はで　じみ　目立つ　カラフル　すみきった　まぶしい　水玉 まぶしい　うっとりする　みとれる　とうめい　点々　しましま
におい	さわやか　つーんとくる　ねむくなるような　かいだことがない　花の 森の　めずらしい　みんなが喜びそうな
音	心地よい　体中にひびく　わくわくする　しっとりした　こだまする 花が開く　木の実が落ちる　風で葉が触れ合った
味	さっぱりした　はじける　まろやか　すーすーする　とろけそう　こってり 口の中に広がる　また食べたくなる　口の中に広がる　心にしみる

さわった感じ	すいこまれそうな　とけそうな　手触りがやさしい　こおりつきそうな　でこぼこ　ぞうっとする　電気が流れそうな　皮があつい

②の例

文種8　高学年「平和への願いをこめて平和新聞」

ねらい1「知らせたい相手に合わせた解説を入れる」

ねらい2「平和に対する考えの付加や変化を入れる」

長崎見学新聞

二度とおこさない戦争

6年　組

〈原爆の被害〉

皆さんは原爆とは何か知っていますか。原爆とは原子核が分裂するときに出る非常に高い熱と大きな力を利用した爆弾「原子爆弾」のことです。

原爆は、戦争のとき広島と長崎に投下されました。

長崎には一九四五年八月九日。その頃の長崎の人口約二十四万人でした。原爆で七万三八八四人がなくなり、七万四九九人の負傷者がでました。今も苦しんでいます。

原爆のエネルギーの内訳は爆風が50%　熱線は35%　放射線は15%です。原爆のエネルギーの50%をしめる爆風は、爆心地から約八百メートルはなれた所にある鳥居の片方の柱を倒しました。これが今残る一本柱鳥居です。原爆の大きな多くの被害は今も続いて後遺症を持つ人も多くいます。

〈平和のバトン〉

長崎に投下された原爆は、ファットマンとよばれています。長さ三・二五メートル、直径一・五二メートルもありました。

このファットマンが長崎の上空で炸裂した11時2分。その時を今もなお示している柱時計は「永遠の11時2分」とよばれています。

そのときの熱風きのこ雲、放射能、人の叫びや悲しみは、今も消えません。ぼくたちは、二度と戦争をおこさないように平和のバトンをしっかり受けとり、ぼくたちの子どもたちに受けつがなくてはと思います。

③の例

文種9　本のコマーシャル

全学年「おすすめの本のコマーシャル」

ねらい1「コマーシャルを百字にまとめるように言葉を吟味する」

ねらい2「伝えたい相手の実態に合わせて書く」

指導方法1　字数制限をすることで言葉選びや表現の工夫をさせる。

指導方法2　相手に何を伝えたいかを明確にもつよう例文等で示す。

例・悲しいときにおすすめ『ヘンゼルとグレーテル』

　おかみさんが二人の子どもを森のおくに連れて行きました。一回目は帰れたけど二回目はお菓子の家に入ってしまいます。そこには、まじょがいました。さあ、二人はぶじに家にもどれるのでしょうか。

例・虫に興味がない家族へ『アンリ・ファーブル』

　ファーブルという人物は「昆虫記」を書いた人です。虫の生態や特長が詳しく書かれています。虫は一匹一匹命がけで生きているのでよく見て大切にしようと思います。「地球の上で何一つむだにはならない」そうです。

例・思い悩んでいる人へ『坂本龍馬』

　この本は、何か迷っているときや思い悩んでいるときに読んでほしいです。自分が思う当たり前、思っていた当たり前の考え方を変え、自分の思うままに、自分が納得するまで答えを追い求め、信念を曲げずに生きた人。

④の例

文種10　生きるって何　意見文（随筆）

高学年「命って　生きるって何？」

ねらい1「自分の考えが伝わるように　言葉選びのほか、表記の仕方も工夫する」

ねらい2「『生きるとは何か』を本や周囲の人からリサーチし自分の考えを深める」

指導方法1　三、四時間の単元を組み、はじめの考えからどれだけ成長したかを比較させる。

指導方法2　先人の伝記や身近な人の生き方を多岐にわたって紹介することで情報収集の方法も理解させる。

例　ぼくが考える生きるは、つらくて死にたいと思った今日は、昨日死んだ人が死ぬほど生きたかった今日なんだろうと思います。せっかくの命を大事にして生きる希望をもちたいと思います。母が星野富弘さんのカレンダーを見せてくれました。星野さんは体操の先生になりたかったのに、大学で高鉄棒をして落ち、首から下が動かなくなります。（後略）

例　私は何かを変えられる人になりたいです。人の考え・社会・世界、何かをよい方向に変えられるそんな人になりたいです。何かを変えることが生きる価値であり、生きる楽しみだと思う。ささやかなことでも誰かにこたえの鍵を渡したい。受け取ってくれなくてもあきらめないそんな人になりたいです。「キュリー夫人」を読んで、知らないことを知らないと決めつけない生き方も学びました。

文種11　俳句・詩の紹介文・鑑賞文

高学年「俳句や詩　紹介文の鑑賞会」

ねらい1「友達の紹介と自分の紹介を比べる」

ねらい2「友達の紹介の意図や背景を考え、よさを引き出す」

指導方法1　共通に気付かせたい特徴のある二、三編の詩を選ぶ。

指導方法2　相手の気付きを生かして自分の考えを述べる。

谷川俊太郎の「たね」の紹介文

「この詩は二つに分けられ、一文が三、四、五と定型。歌をイメージしたのかもしれない。リズムがいっしょだからだ。俊太郎さんはなぜこの詩を作ったのか。ぼくは、こう考える。これは、僕たちの中で必ず出会うものだと思う。出会うものはこれだけではない。生きていれば必ず、小さいものから大きいものまで必ず出会うのだ。」

↓　鑑賞文

リズムが同じところに気付いたところがよい。紹介文もリズムがあり詩のようになっている。小さいものから大きいものまで生きていれば必ずと、俊太郎さんの気持ちになっている。人々は出会い、別れ、成長していく命の繰り返しということを言いたかったと思う。

○おわりに

書くことは、自分を知り自分をつくること

書くことで自分の考え方や個性、可能性を知ることができます。自分に足りないもの　例えば言葉の力不足や構成力不足、そして考え方の不足などを、思い知らされることもたびたびです。

ただ、目的や相手意識がプラスされると書く姿勢が変わります。型から抜け出す喜びや型を応用活用した自分なりの工夫が楽しみとなります。書くときの条件として時間制限・字数制限も書く意識を高めるのに効果的です。

同じ条件で書いた作品を読む合うこと（交流・鑑賞）　コメントを述べ合うこと（感想文の紹介文、紹介文の鑑賞文など）　友達の作品や本から使ってみたい言葉を集めること（言葉図鑑）、集めた言葉で新たな作品を生み出すことも他文種や他教科そして日常生活への活用となります。

教師の役割は、書く目的や相手をもたせ、それぞれにふさわしい条件を設定することです。条件の例やめざす作品の例文も必要です。

「書く」ことで自分の考えを知り、書くことは自分を表す手段だということに気付き、よりよく伝えるための言葉や表現技法を工夫しようと、熟達していきます。

様々な条件の活用例や本に多く出会うこと、書くことがその時間だけにとどまらず、他教科や日常生活に生かされていくことがやがて自分をつくることにつながっていきます。

Ⅳ
章

目的に応じて「書く」単元の展開例

低学年

単元「『一の一　あきはっけんずかん』を作ろう」

言語活動「身近なことや経験したことを報告したり、観察したことを記録したりする活動」

東京書籍　一年▼「わたしのはっけん」

1　単元の特色

（1）単元の趣旨

本単元は、身の回りの花や木など動植物の様子を観察して気付いたことを書いて友達に伝えることをねらいとしています。記録文を書くとはいえ、特に低学年の児童には、相手意識や目的意識をもって書くことは重要なことだと考えます。さらに、どのように書いて伝えたら、相手に分かりやすく伝えることができるのかを考えて書くことは大切な力です。「はっけんずかん」という形式で、実体験をもとに実物に接しながら五感を働かせて書くことで、児童たちは、対象をしっかりととらえ、生き生きとした表現で表すことができるようになると思います。ここで育つ力は、生活科の記録文や観察文を書く際、または生活作文を書くときにも活用されることになると考えます。

(2) 教材について

生活科の学習で見付けたものの中から気に入ったものを選び、それがどんなものかがわかるように書いて伝えることをねらいとした学習です。生活科の学習であさがおの観察日記を書いたり、夏休みの宿題で絵日記を書いたりしている頃なので、「したこと」や「みたこと」を書くことにも慣れてきています。しかしながら、自分がしたことを書くだけにとどまらず、見たことや触って感じたこと、気付いたことなどを詳しく書くようにするためには、「色」や「形」「手ざわり」など、五感を使って感じたこと、分かったことなどを書くような経験が必要となってきます。記録文として観点を広げて書かせることで五感を使って感じたことを書く経験ができる教材です。

(3) 指導にあたって

生活科の学習と関連を図り「あきみつけ」に行った後、『あきはっけんずかん』を作ろうと投げかけ、図鑑にするという目的意識をもたせて学習を進めます。

まず、たくさん見つけたものの中からみんなに伝えたいことを選ばせ、実際に図鑑を提示し、意欲を高めます。「なにをかけば、みんながよろこぶ『はっけんずかん』になるのかな?」という単元を貫く問いを出し、学習の見通しをもたせることで主体的な学びに誘うことができると考えます。その際、絵図と文章を一体化させたもの(教師例文)を提示し、完成形をイメージさせ、学習を展開していくことが必要です。次に、教師例文をもとにしながら、どのように書かれているのかを読み取ります。そこで、色や形、様子を詳しく書けばよいことに気付かせます。その後、書くこと(伝えること)

を明確にさせるために、先に絵図で表させ、そして、絵図の中に自分が伝えたいこと（色や形）を書き込ませながら、書くときのメモにします。絵図に書き込んだ言葉を広げたり、その内容を整理したりしながら書くようにしていきます。

2 単元の目標

○見付けた「秋」について、見たこと・感じたことを色や形、手ざわりなど五感を使って、秋ずかん（記録文）として書き表すことができる。（書く能力）

3 評価の観点

・生活科の学習で経験したことやそこで見付けたものを思い出しながら、絵や文章で表そうとしている。（国語への関心・意欲・態度）
・経験したことなどをもとに、五感をはたらかせながら、伝えたいものの様子を詳しく書いている。（書く能力）
・文と文のつながりを考えながら文章を書いている。
・書き言葉の表記について理解し、「、」や「。」を使って文章を書いている。（言語についての知識・理解・技能）

4 計画（全6時間）

○秋見つけ探検で見付けたものを思い出し、その中から書くことを選び絵で表す。…1時間

○モデル学習を行い、どのように書けばいいのか、文章の特徴を知る。……1時間
○選んだ題材の絵を見ながら、その特徴を書き込み、整理する。……1時間
○絵図をもとに、書く順序を考えながら記述する。……2時間
○「あきはっけんずかん」を読み合い、鑑賞会を行う。……1時間

5 授業展開

(1) 本時のねらい

・絵図をもとにして、形や様子などを書き込み、「書くことメモ」(書き方マップ)について交流することで書くことを整理することができる。(書く能力)

(2) 指導のポイント

・「書くことメモ」に必要な事柄を集めさせ、事柄を観点別に分けさせることで、何について書くのかを整理させ、メモの見直しができるようにする。

（3）本時の展開

（□…評価　判定基準：B…おおむね達成　判定後の指導：●…達成不十分な児童）

<table>
<tr><th>過程</th><th>学習活動</th><th>教師の支援と評価</th></tr>
<tr><td rowspan="2"></td><td>一．前時を振り返り、本時の学習について確かめる。
二．めあてを知る。</td><td>・前時の話し合いを想起させ、『はっけんずかん』を作ることを確かめ、本時の学習を予想させる。
・どんなことを書くのか、絵図を見直し、書く題材を確認する。</td></tr>
<tr><td colspan="2">わかりやすい『一の一あきはっけんずかん』にするために「かくことメモ」でさくせんをたてよう。</td></tr>
<tr><td rowspan="2"></td><td>三．［問い］について話し合いながら書くことメモを作る。</td><td>・［問い］を提示し、課題意識をもたせる。</td></tr>
<tr><td colspan="2">［さあ、どうする？］どんなことを書けば、わかりやすいあきずかんになるのかな？</td></tr>
<tr><td></td><td>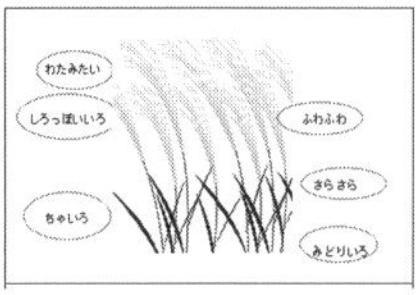
</td><td>・絵図を見ながら、どんなことを書いたらいいのか考えさせ、「書くことメモ」として、気付きをメモさせていく。
・児童たちの「書くことメモ」を取り上げ、以前に提示していた教師例文をもとに観点を考えさせる。
・自分の「書くことメモ」を見直させ、色や形、手ざわり別にシールを貼らせる。その際、ペアで確かめながら行わせる。</td></tr>
</table>

・モデル学習で用いた教師例文を取り上げながら、一観点のものと二観点のものと、どちらがよいのかを考えさせる。

【ペア対話の様子】
X：これは、色のことだから、ピンクシールだね。ここに貼るよ。
Y：形（黄色のシール）があんまりないね。増やそうかな。ここは、丸い形かな？
X：どんぐりは、先がとがっているよ。
Y：これも入れて書くといいね。どこに書けばいいかな？

学習活動	指導上の留意点
四．話し合って分かったことをもとにして、書くこととメモを見直す。	・判定基準の共有化をし、「色」「形」「手ざわり」「におい」などの観点をもとに三つ以上のメモがあるのかを確かめさせる。どんな順番で何を書くのかを決めさせる。 〈書くこと〉 B　絵図のメモを「色」や「形」「手ざわり」などの観点に分けて見直し、二観点以上の事柄を書くことができる。（ワークシート） ●観点をもとに絵図を見直させ、どんなことを書けばいいのかを具体的に問いながら書くことを考えさせる。 ・「書くことメモ」ができ上がったら、文を書くようにうながす。
5．本時を振り返る。 6．次時の学習内容を知る。	・振り返りのポイントを示し、簡単に書かせる。 ・次の学習を予想させる。 ・メモをもとにして、次時で図鑑を書くことを知らせ、次時の見通しをもたせる。

8　資料①　あき図鑑イメージ（教師例）

書くことメモ（教師例）

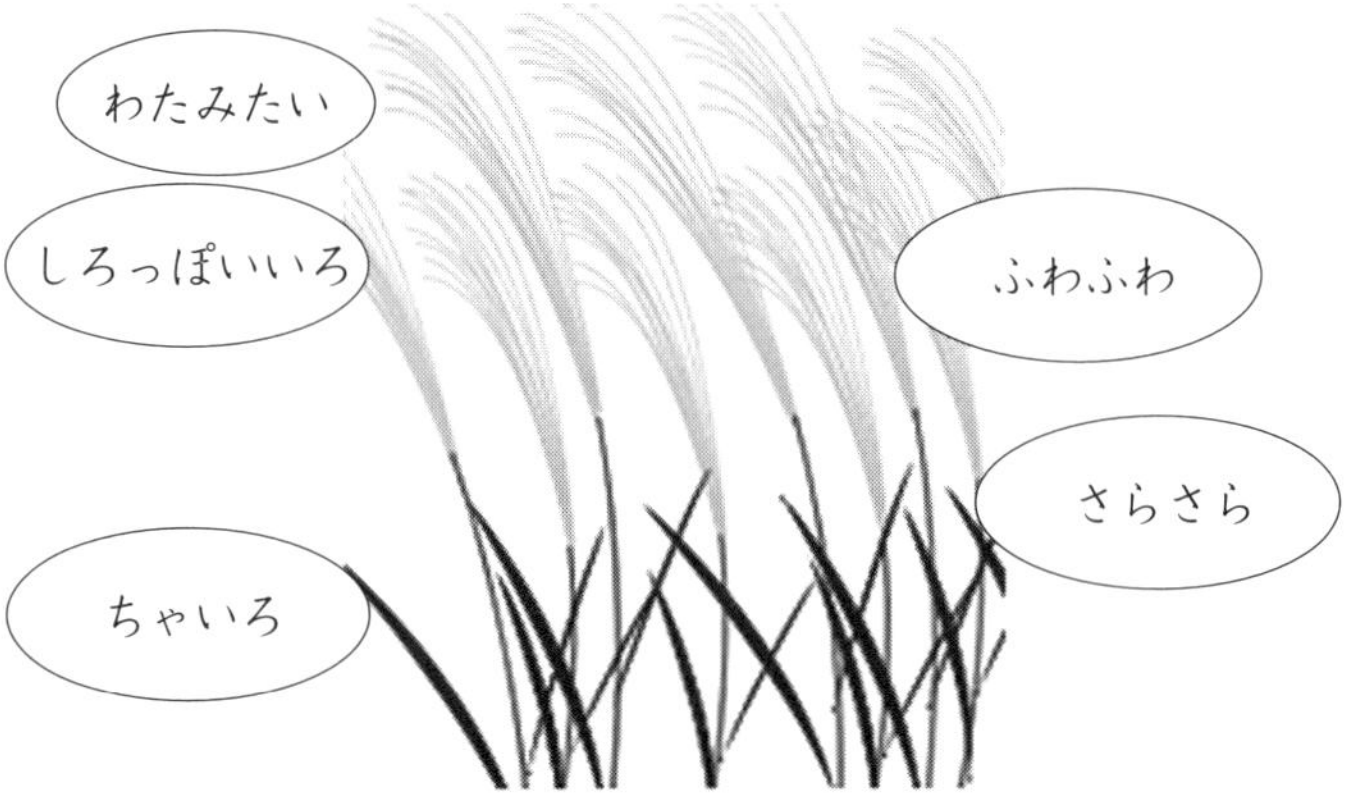
わたみたい
しろっぽいいろ
ふわふわ
さらさら
ちゃいろ

（教師例文）

うちのちかくで、すすきをみつけました。

（ようす）
すすきは、とてもながいくさです。みどりいろのはっぱは、とてもほそくて、すっとしています。
くきのさきにしろいわたのようなものがついています。さわってみると、ふわふわしていました。やわらかくてきもちがいいです。

（おもったこと）
かぜにゆれると、さらさらというおとがして、おもしろいなあとおもいました。

資料② 「一の一のあきずかん」をつくろう　評価表　ルーブリック

	A	B
課題設定	・生活科のあきみつけを想起し、どんなことが見つかったか進んで発言している。 ・どんなものを伝えるか、何を書けばいいのか考えながら絵であらわしている。	・生活科のあきみつけを想起しながら、友達の発言を聞いたり、自分が見付けたものをペアの友達に紹介したりしている。 ・どんなものを伝えるのか決定し、絵で表している。
モデリング 取材・構成	・教師例文から観察文の特徴を探し、色や形などを入れていることに気付き、観点でまとめるようとしている。 ・自分が紹介するものの特徴を具体的に三観点（色・形・手ざわり）で書いている。	・教師例文から観察文の特徴を探し、色や形などを入れていることに気付いている。 ・自分が紹介するものの特徴を具体的に二観点で書いている。
記述・推敲	・対象の特徴をとらえ、事柄のつながりまで考えながら、文章を書いている。 ・三つ以上の様子をあらわす言葉を入れて書いている。	・対象の特徴をとらえ、その特徴を五感を使って表現している。 ・二つ以上の様子をあらわす言葉を入れて書いている。
交流・鑑賞	・友達の作品を読み、観点をもとにしてよさを見付けようとしている。 ・友達の書いた文章のよさを観点をもとに具体的に表している。	・友達の作品を読み、自分なりにそのよさを見付けようとしている。 ・見付けたよさを発言しようとしている。

資料③　出来上がった秋図鑑

本時では、書くことメモ（上段）で大まかに書くことを広げていきました。書くことの順番（構成）については、教師例文をもとに型を示しました。（したこと→様子→思ったこと）実物を実際に観察しながら「書くことメモ」に記録し、そのメモをヒントにしながら書いたので、様子を具体的に書くことができました。メモを書く際に、観点を示して色分けしたことで、自分のメモの中にない観点を判別することができ、様々な観点をもとにした気付き（メモ）を書くことができました。さらに、出来上がった秋図鑑を読みながら友達と交流することが大切です。保護者からも感想を寄せていただくことで、子どもたちの達成感が高まりました。

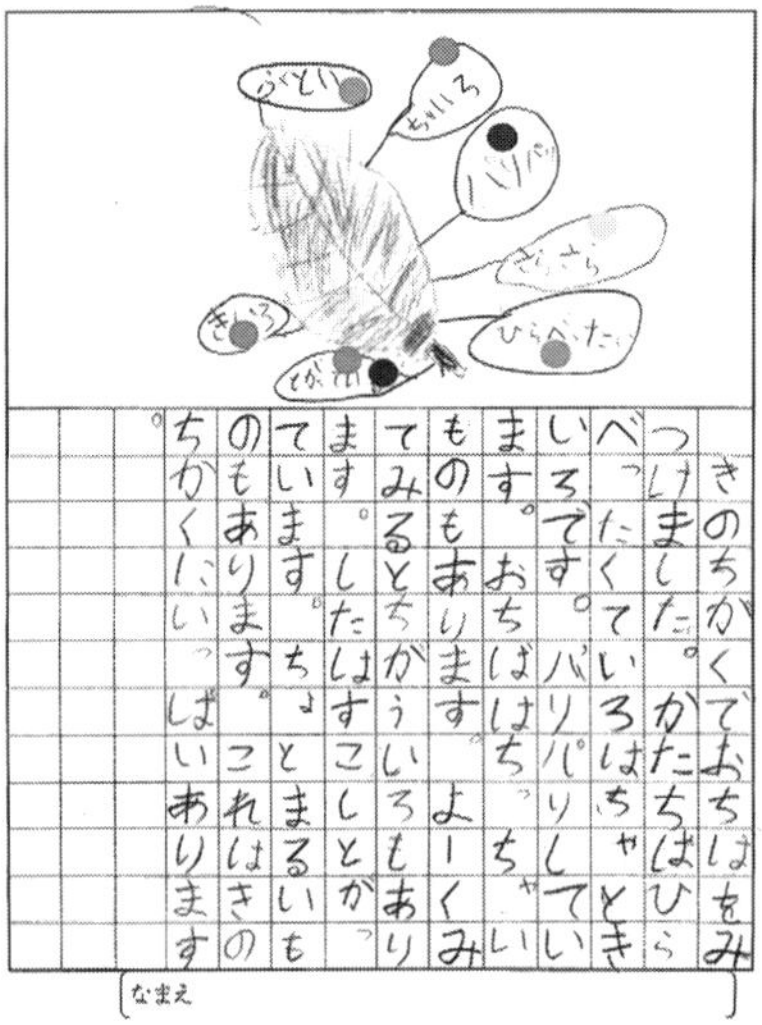

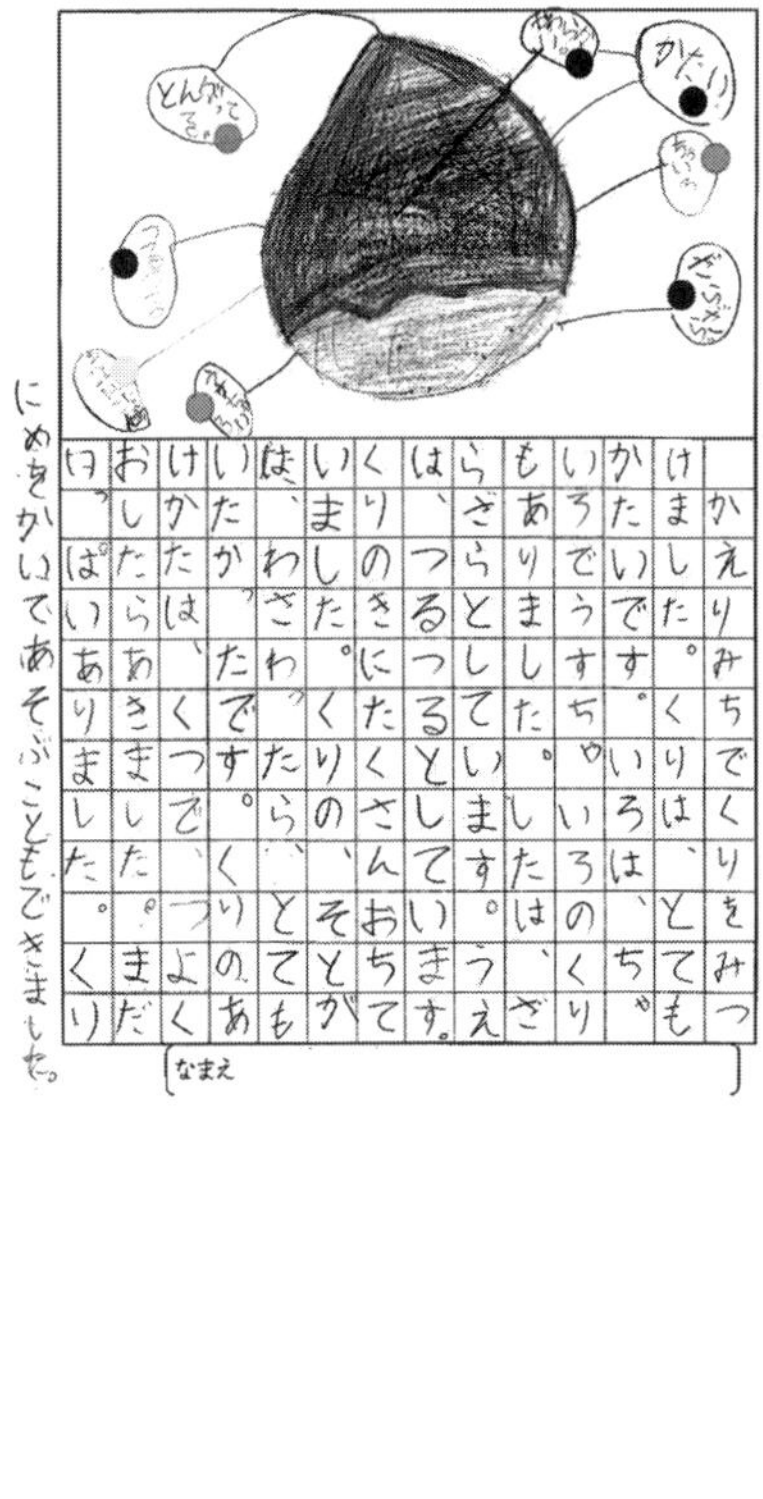

6 授業を終えて

この授業での経験で、児童たちの書く力がだんだんと高まっていきました。宿題に出した日記の中に落ち葉の様子を色で表現したり、生活科でのいもほりで掘ったいもの様子を絵日記で書かせたときに書くことメモを書きながら文章を書いたりする姿が見られました。日常につながるような授業づくりを進めていくことが児童たちの力を付ける手立てとなるのだと思います。


「すきなもの」

わたしがすきなものは、いちごです。なぜかというと、たべるとあまいし、おいしいからです。かたちがおいしそうで、おもしろいからです。

いろもおいしそうだからです。いちごのそとに、たねがあって、たべると、たねのかんだおとがかちかちします。あまいいちごがだいすきです。一口か二口でたべて、たべるのが、はやくていっぱいたべられるからすきです。

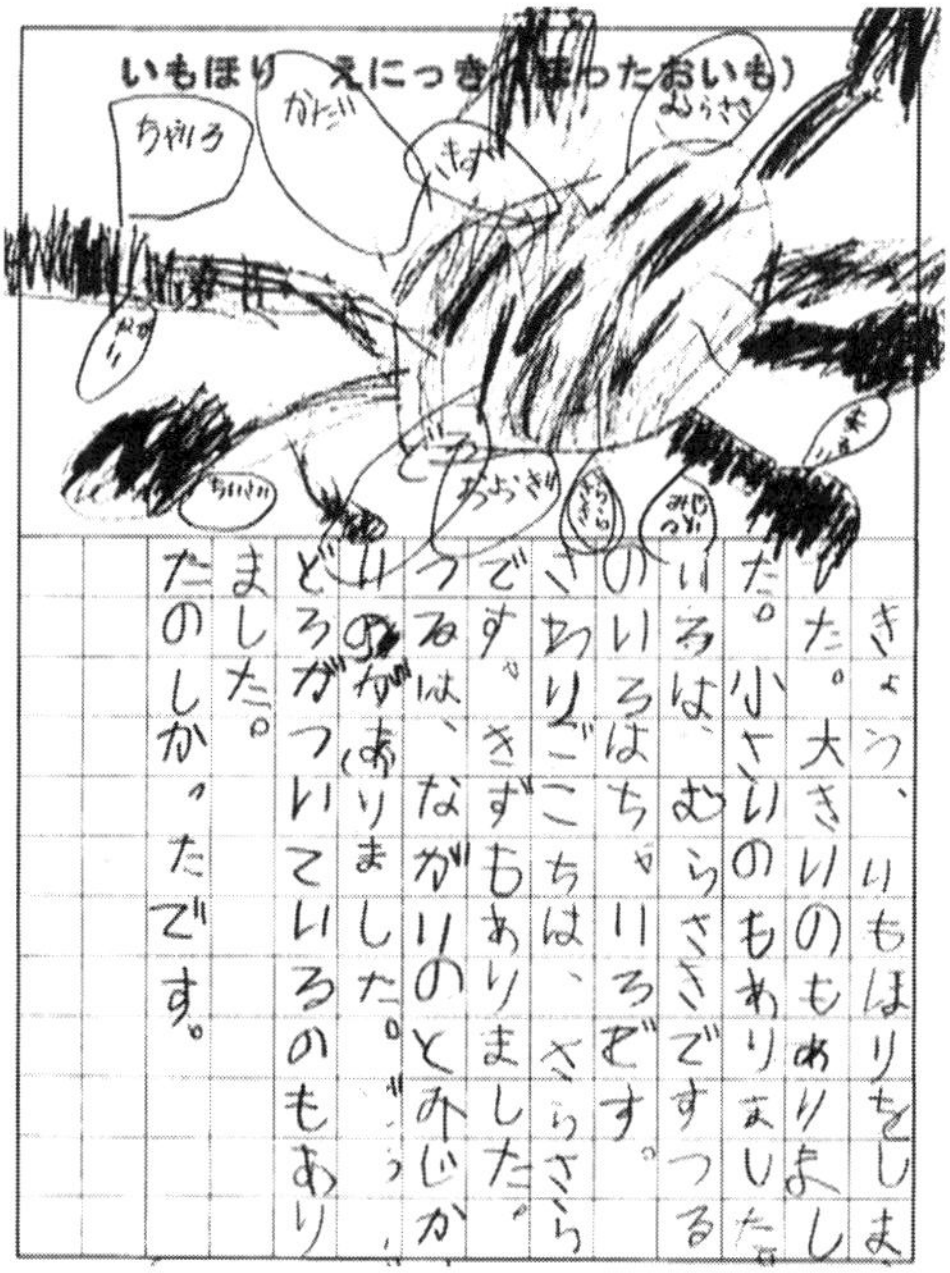

中学年

単元「『食べ物変身ブック』を作ろう」

言語活動「『食べ物変身ブック』を作って、家族に紹介する」

光村図書三年下▼「すがたをかえる大豆」「食べ物のひみつ教えます」

1 単元の特色

(1) 単元の趣旨

本単元は、説明文で読み取ったことを生かし、その構成や段落相互の関係に気を付け、表現の工夫を取り入れながら作文を書くことをねらいとしています。

(2) 教材について

本単元は、「すがたをかえる大豆」と「食べ物のひみつを教えます」の二教材で構成されています。「すがたをかえる大豆」では、文章の構成や、読者に内容をわかりやすく伝えるための説明の工夫を読み取っていきます。

「食べ物のひみつを教えます」では、「すがたをかえる大豆」で学習した説明の工夫を生かしながら、自分が選んだ身近な食材がどのように「すがたをかえる」か、おいしく食べる工夫を例として取り上げながら説明する文章を書いていきます。

(3) 指導に当たって

指導に当たっては、第一次で、学習のゴールである『食べ物変身ブック』を教師がモデルとして作成し提示することで、学習の見通しをもたせます(下参照)。また、『食べ物変身ブック』を家族や、次の三年生に紹介しようという相手意識と目的意識をもたせます。単元の導入前から、学習環境として、関連図書を準備し、「すがたをかえる大豆」の「読むこと」の学習と並行して、すがたをかえる食品についての題材を集めさせます。

> すがたをかえる米 (教師作成)
>
> わたしたちの毎日の食事で、多くの人が毎日のように口にしているものがあります。何だか分かりますか。それは、米です。米は、いろいろな食品にすがたをかえて食べられているのです。おいしく食べるためにどんなくふうがされているのでしょうか。
>
> まず、こなにひいて食べるくふうがあります。そのこなをよくねって、きじを作ります。きじはうすくのばし、せんべいの形にして、よくかんそうさせます。その後、しょう油をぬってじっくりやきあげると、パリパリしたこうばしいせんべいになります。一枚食べるとやめられなくなります。
>
> 次に、つぶして食べるくふうがあります。げんまいのまま、むしてつぶします。それを、フレーク状にしてオーブンでやきます。こうやってできるのが、えいようたっぷりの玄米のフレークです。手軽に食べることができるので、朝食にぴったりです。
>
> さらに、はっこうさせて食べるくふうもあります。米から日本酒ができるなんて、みなさん知っていましたか。むした米に米こうじとこうぼをくわえます。それをろかし、酒と酒かすにわけます。こうやってできるのが日本酒です。作り方をかえると、米じょうちゅうやあま酒になります。
>
> このように、米は、いろいろなすがたで食べられています。米は、日本各地の田んぼで作られてきたので、多くの食べ方がくふうされてきたのです。たくさんのすがたにへんしんする米のすばらしさに感心させられます。

第二次では、説明文が「はじめ」「中」「おわり」の構成で書かれていること、例を挙げて説明する際には、指示語や接続語、文末表現に気を付けることなどを読み取らせます。また、例を挙げる順序や写真の使い方などの工夫にも気付かせ「説明文を書く技」としてまとめさせます。学習を進めていく中で、教材文に出てくる「炒る」や「煮る」等の食品を加工する言葉は身近な言葉ではないので、国語辞典を使って、意味を調べさせるとともに、並行して読んでいる本についても「食品を加工する言葉集め」を行い、言葉の共有化を図ることで、語彙を広げていきます。

第三次では、自分が説明したい食材を決めさせ、第二次から並行読書している図書資料を活用したり、家族に取材させたりして、書く材料を集めさせます。取材・叙述・推敲の各過程において、友達の取材や、構成の仕方、書きぶりなど、友達のよさを見つけたり、話し合ったりすることで、自分の学習の参考にさせ、各時間のめあてを達成させていきます。ここでは、導入で提示した教師作成の『食べ物変身ブック』をモデルとして、どのように書いていけばよいか具体的にとらえさせます。叙述の際には、読み手に自分の知らせたいことがより伝わるように、読み手が納得するような言葉を「なるほど言葉」として使わせ、より豊かな文章表現ができるようにさせます。

2 単元の目標

○中心となる語や文をとらえ、段落相互の関係を考えながら、文章の内容を的確に理解することができる。（読む能力）

○読み取ったことをもとに、段落構成を意識して、目的に適した事例を考えながら説明する文章を書

くことができる。（書く能力）

3 評価の観点

・身近な食べ物のすがたのかわり方に興味をもち、他の食べ物について意欲的に調べようとしている。（国語への関心・意欲・態度）

・中心となる語や文をとらえ、段落相互の関係を考えながら、文章の内容を的確に理解している。（読む能力）

・読み取ったことをもとに、構成や段落相互の関係に注意しながら、例を挙げて説明する文章を書いている。（書く能力）

・文章中の語句について、国語辞典を利用して調べている。（言語事項）

4 計画（全13時間）

過程	主な学習活動	時配
第一次	昨年の三年生が作成した『食べ物変身ブック』を見て、学習のゴールを知る。	2時間
第二次	構成や内容を確かめる。	4時間
第三次	自分が説明したい食材を決め、『食べ物変身ブック』を書く。	7時間

5 授業展開

（1）本時のねらい

・説明文の技を使って、交流活動を通しながら、読み手にわかりやすく「中」を書くことができる。（書く能力）

（2）指導のポイント

・教師作成の例文から、説明文の技がどのように使われているのかを考えさせたり、組み立て表をもとに文章を書いていく方法をとらえさせたりする。

・叙述中に「友達タイム」を設け、説明文の技の使い方や文章表現のよさなど、友達のよさを見つけることで、自分の文章を書く際の参考にさせる。

（3）本時の展開

学習活動	教師の支援と評価
1　前時までの学習を振り返り、本時の学習を確認する。	○前時に書いた原稿等をもとに学習を振り返らせ、本時は「中」の部分を書いていくことを確認する。

説明文の技を使って、よくわかる説明文の「中」を書こう。

2 例文を読み、組み立て表・取材メモをもとに文章を書いていく方法を考える。

【説明の技】組み立て
・「はじめ」「中」「おわり」で書く。
・一つの段落に一つの工夫を書く。
・説明の順を工夫する。
・段落の最初につなぎ言葉を使う。
・段落の最初においしく食べる工夫を書く。(話題の中心)

3 「食べ物変身ブック」の「中」の部分を書く。

【友達タイムのポイント】
・段落の最初につなぎ言葉が使われているか。
・段落の最初に、おいしく食べる工夫が書かれているか。
・どのような「なるほど言葉」を使っているか。

4 書いた文章を読み合い、よいところや工夫しているところを伝え合う。

○教師作成の例文を使い、「説明文の技」がどのように使われているのか見つけさせる。

【説明の技】言葉・写真
・「はじめ」には、問いかけなどを書く。
・作り方には「いる」「にる」など、料理の言葉を使う。
・なるほど言葉を使う。
・「おわり」には、まとめや感想を書く。
・説明にあった写真や絵を使う。

○メモを使って文章化することがうまくいかない場合、友達の文章を参考にさせたり、読み手により伝わる文章を書かせたりするために、途中で友達タイムを設ける。
○友達タイムは、隣同士の交流の後、座席を離れ、自由に交流させる。誰がどの食材で書いているのかわかるようにし、交流の手助けとする。
○友達タイムで見つけた友達の書き方のよさについて紹介させた後、続きを書かせる。

5　本時を振り返り、次時の学習を確認する。

（評価）
評価説明文の技を使って、読み手にわかりやすい説明文の「中」を書くことができる。【書・ワークシート】
手だて：取材メモを見て、具体的な言葉や文章表現を示しながら記述させる。

○隣同士で書いたものを読み合って、気付きを口頭で、伝え合わせる。
○代表児童の文章を提示し、本時のめあてにそって書かれている文章のよさを紹介させる。

資料① 教師例

教師が例文を作成することで、子どもたちにどのような作文を書かせたいのか明確にすることができます。

本実践二ページ目に掲載している例文の他に、下のような例文も作成しました。校内研修で、特に国語科を中心に取り組まれている学校では、個人だけでなく学年で作成しておくとよいでしょう。

子どもの実態に合った作文を書かせるためには、教科書掲載の例文だけでなく、複数の例文があると、子どもたちは自分に合った例文を参考にして、書き進めていくことができます。

また、例文が複数あることで、子どもは、自分が書けそうな書き方を探すために必然的に読み比べていくようになり、多くの表現技法に触れていくことができます。また、第三次での書く活動の中でも、よりよい文章を書くために行

すがたをかえるたまご

わたしたちが毎日の食事でごはんのおかずやデザートとしてよく口にしているものがあります。何だか分かりますか。それは、たまごです。たまごは、いろいろな食品にすがたをかえて食べられています。おいしく食べるために、どのような工夫がされているのでしょうか。

まず、ゆでて食べる工夫があります。たまごをふっとうしたおゆでゆでると、ぷりっとしたゆでたまごになります。六十度くらいのおゆでゆでるとおんせんたまごになります。とろりとした黄身はしょくよくをそそります。

次に、ほかの食品とまぜあわせる工夫があります。たまごの黄身と酢、しお、調味料などで味付けをします。そして、真空のミキサーの中で油をくわえ、よくまぜると、サラダにかけるとおいしいマヨネーズになります。カロリーが高いので、かけすぎには注意です。

さらに、むして食べる工夫もあります。たまご、さとう、あたためた牛にゅうをまぜあわせます。それにバニラエッセンスをくわえて、あまいあまいかおりをつけます。それをカラメルをしいたかたに流しこみ、むしてからひやすとつるんとしたプリンができます。あまくてぷるぷるとやわらかいプリンは食後のデザートにぴったりです。

このように、たまごはいろいろなすがたで食べられています。これは、たまごが「食べ物の王様」といわれるほどえいようがふくまれていて、昔から世界中で食べられてきたからなのです。たくさんのすがたにへんしんするたまごのすばらしさに感心させられます。

う、交流活動の場面でも、意見交換の題材となります。

資料② でき上がった作品

第三次では、同じ食材同士でグループ（三人）をつくり、時間を区切って、途中経過や構成、表現の確認をする交流の時間を随時取り入れました。書くスピードは個人差が大きく出ますので、交流の時間にグループ同士でアドバイスをしたり、鑑賞したりすることで、さらに書く態度や技能が高まっていきました。

学習を進めながら、並行して「食べ物変身ブック」に書きたい題材を集めさせました。図鑑には、詳しく説明がされていますので、子どもはしっかりと取材をすることができました。ただし、意味もわからず書き写す子も多いので、特に加工する言葉については、教室に「食品を加工する言葉コーナー」をつくり、全員が共有できるようにしました。

下の作品では、「中」の三つの文の順序を考えていくことで、どれが一番複雑な加工なのか、深く考える子どもの姿が印象的でした。

すがたをかえるとうもろこし

わたしたちの毎日の食事で、多くの人が口にしているものがあります。何だか分かりますか。それは、とうもろこしです。とうもろこしは、いろいろな食品にすがたをかえていることが多いので、気づかれないのです。

まず、やく工夫があります。しょうゆをつけて、やき色がつくまでやきます。すると、茶色の色がついたやきとうもろこしのできあがりです。一こ食べると、おいしくてこうばしいのでやめられません。

次に、かねつする工夫があります。ふうとうにつぶとうもろこしをいれて、電子レンジで三分かねつします。ポンポン音がしていいにおいがしたら出します。しおをふって、あじをつけます。これで、おいしいポップコーンができます。

さらに、こなにする工夫があります。まず、とうもろこしをこなにします。次に、形作ります。さいごに、あつりょくでふくらませます。これで、サクサクのおいしいコーンスナックのできあがりです。小さい子どもでも、おいしく食べることができます。

このように、とうもろこしは、いろいろなすがたで食べられています。わたしは、いろいろ工夫されていたのでびっくりしました。

6 授業を終えて

本単元では、友達同士で書き進める場面も意識して取り入れました。特に、書き始めは、苦手意識がある子どもは、なかなか書き進めることができません。本時実践のように、書き始めた途中で、交流活動の機会を設けることで、友達がどのように書いているか見ることができ、書き直しをしたり、書き進めたりすることができました。

授業後の振り返りでも、「友達の書いている文章と自分の文章を比べて、書き直しができた」「友達からのアドバイスで、『中』の部分の順番を考えることができた」などの自己評価が多くありました。交流活動のよさは、教師の手立てはもちろんですが、「自分たちで書き上げた」という充実感をもてることです。

いろいろな食品にすがたをかえる牛乳

みなさん、牛乳を飲んでいますか。その牛乳はそのまま飲むだけでなく、毎日の生活の中で、びっくりするくらい多く口にしている食品にすがたをかえて出てきます。さあ、おいしく食べるためにどんなくふうがされているのでしょうか。みなさんが知っている工夫は、あるでしょうか。

まず、につめる工夫があります。牛乳から作ったクリームや練乳にさとうを加えて、かきまぜながらにつめます。少し固まったら生地を取り出して、ひやします。同じ大きさに切り分けるとキャラメルができあがります。なんと、キャラメルは、家でも作れます。

次に、こおらせて食べる工夫があります。牛乳、さとう、たまごなどをまぜ合わせさっきんします。その後、こおらせるとアイスクリームになります。口に入れるとふわっととけて、あまい味が口に広がります。

さらに、はっこうさせる工夫があります。牛乳の成分をどれも同じにして、さっきんします。その後、にゅうさんきんをくわえて四か月から六か月間発こうさせると、これだけでナチュラルチーズができます。また、加熱をしてせいけいすると、プロセスチーズができます。やくととろりととけて、パンにも合いますよ。

このように、牛乳は、いろいろなすがたで食べられています。こんなに工夫されてきたのは、えいようがほうふでおいしいからです。そのままでは、すぐくさってしまう牛乳を長もちさせてきた昔の人たちの考えのすばらしさに感動させられます。

高学年

単元「理由付けを明確にして説明しよう」

言語活動「目的に合う資料を選んで作文を書く」

光村図書五年　教材▼「グラフや表を用いて書こう」

1　単元の特色

（1）単元の趣旨

本単元で付けたい力は、目的に応じてグラフや表を適切に用い、目的に合う文種を選択して事実と考えを書くことができる表現力です。これまで作文を書かせる際には、一つの単元の中では同じ文種で書かせてきました。しかし今回は伝える目的を決めさせ、文種を一人一人の目的に応じて選択させることにしました。相手意識が自分にある記録文（日記）や、相手意識が不特定多数にもなる報告文（相手の要求に応じてという側面もありますが）、特定の誰かを相手とすることもでき、自分の意見をしっかりと述べる意見文など、子ども一人一人が書く目的を選んで表現するようにします。

（2）教材について

本教材は、自分の意見を効果的に伝えるための「書くこと」の教材で、三つの特徴があります。

第一の特徴として統計資料である表やグラフを例示しています。折れ線グラフや棒グラフとの複合グラフ、柱状グラフ、表と４種類の資料があり、目的と併せてどのように使うことができるのか学習することができます。

第二の特徴として例文が載っています。例文からは「はじめ・中・おわり」というわかりやすい段落構成を読み取ることができます。また、ゴミの排出量の推移を表したグラフと文章とのつながりを読み取ることができ、グラフなどの資料の生かし方を読み取り理解することができます。

第三の特徴として課題の設定からできあがったものを交流するまでの展開が図示されています。子どもは交流までの学習の展開を見通しながら、活動に取り組むことができます。

これらの特徴により、自分自身の考えをグラフや表を用いてわかりやすく説明する方法について学習し、その表現方法について学習することができます。

（3）指導に当たって

まず、前単元で学習した教材『天気を予想する』を思い出させ、自分の考えを客観的に説明するためにはどうしたらよいのかについて確認させます。その一つの方法として、表やグラフを用いることに気付かせます。

次に、どのような展開で学習を進めていくのかを子どもたちと共有します。書くために何が必要なのか、資料やグラフからどのようなことを読み取れるのかについて、学級全体で共有させます。自分たちの生活は暮らしやすくなっているかという観点から、主張する内容と併せて、資料を選択させます。

資料は、教師が六種類用意します。資料の内容は、「東京大阪間の鉄道の所要時間の推移」「コンビニ店舗数の推移」「携帯電話所有割合の推移」「高速道路の総距離数の推移」「インターネット普及率の推移」「道路の総距離数の推移」です。

文種については、記録文としての日記や意見文、報告文などの中から、目的に合ったものを選ばせます。説明文の既習単元『天気を予想する』で習得したことを活用させながら、資料を使って文章を作成させます。最後にできあがった作品は友達との交流によって自分なりのポイントを出し合い、よいところを見つけさせます。

2 単元の目標

○自分の意見を伝えるために、目的に応じて資料を使い、文章を書こうとしている。

（国語への関心・意欲・態度）

○統計資料を根拠に、書き方を工夫して文章を書くことができる。

（書く能力）

3 評価の観点

○目的を決めて、グラフを選び、文種を選んで書いている。

（国語への関心・意欲・態度）

○グラフの数値データを文中に用いて、書いている。

（書く能力）

4 計画（全6時間）

〇学習の見通しをもち、表やグラフから事実を読み取る。　…1時間
・六種類のグラフを見ながら、読み取れることについて話し合う。
・日本が便利になったことを伝えるのに効果があるデータを出し合う。
〇目的から資料を選択し、自分の考えをもつ。　…1時間
・自分が伝えたい便利になった点を決める。
・前時に話し合った内容をもとにして、自分のグラフから効果的なデータを読み取る。
・同じグラフを選んだ友達と選んだデータについて交流する。
〇目的に合った文種を選び、内容と順序を考える。（5の授業展開参照）　…1時間（本時）
〇資料を効果的に使いながら文章を書く。　…2時間
・資料のデータを使い文章を書く。
・書いている途中で交流し、友達の作品を参考にしたり、アドバイスをしたりする。
〇作品を読み合い、感想を交流する。　…1時間
・グループで読み合い、感想をワークシートに書く。
・机上に作品を置き、学級全体で自由に読み合う。

5 授業展開

（1）本時のねらい

文種の特徴を知り、自分の目的に合った文種を選択し、書く内容と書く順序を決めることができる。【書く能力】

（2）指導のポイント

伝えたい相手と内容を決めたら、それをどのように伝えるのかを考える。記録としてとっておきたいのか、誰かに訴えかけたいのか、誰かに教えたいのか、文章を書く目的をしっかり決め、その目的に応じて書くことができるようにする。

(3) 本時の展開 (3/6)

過程	学習活動	教師の支援(○)子どもの具体的活動(・)	備考
見通す／つかむ	1 本時のめあてをつかむ。 書く目的に合った文種を選んで、作文の構想を立てよう。 2 文種について理解を深める。	○文種についての理解を確かめるために文種を提示し、文体や書く内容について尋ねる。 【説明を提示】板書 ・記録文…日記風に自分が理解したことを書く。相手は、自分。 ・報告文…事実を客観的に伝える。相手は不特定。相手の要求に応じることもある。 ・感想文…事実と感想を交えて書く。相手は、友達や家族など特定してもよい。 ・意見文…事実と感想とともにどうすればよいのかという意見(提言)を書く。相手はできるだけ特定する。	

携帯電話普及率

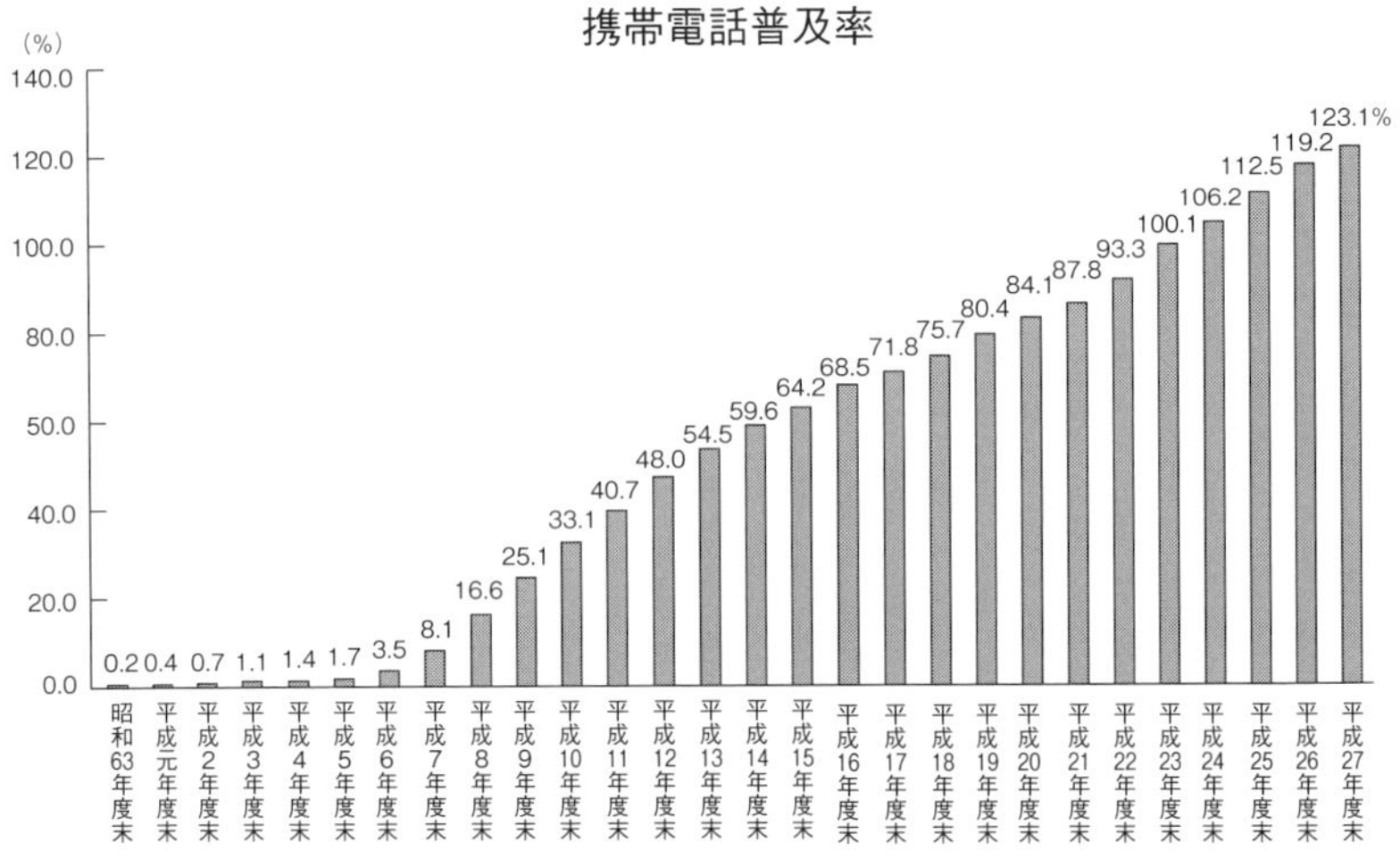

※総務省情報通信データベースより携帯電話加入契約数の推移をグラフ化した

【例文を提示】 模造紙に書いたもの

・記録文

けいたい電話を持っている人はどんどん増えている。ぼくたちが生まれたころは、全員が持っているわけではなくて七一%ぐらいだったのが、五年生の今現在、一二三%だ。ぼくも持っていてもよいはずだ。

・報告文

けいたい電話を持っている人はどんどん増えている。平成元年には〇に近い〇・四%だったのが、今では、一二三%に増えている。平成八年から一三年ごろがよくふえているが、その後も順調にのびている。

考える／

・感想文
けいたい電話を持っている人がこんなにどんどん増えていることにおどろいた。平成元年にはほとんど〇%だったのが、今では一人一台をこえて一二三%になっている。確かに最近は、両親もおじさんおばさんも、近所の人も、ぼくの周りの大人は、みんな持っている。こんなに増えるなんて昔の人は思いもしなかっただろう。
・意見文
けいたい電話を持っている人がどんどん増えている。平成元年にはほとんどの人が持っていなかったが、平成二三年には一〇〇%をこえた。これは、今では一人で二つ以上持っている人がいることになる。しかし、二つ以上も必要なのだろうか。また、子どもたちが持ち始めたことも一〇〇%をこえた理由にもなっているだろう。子どもにもけいたい電話は必要なのだろうか。

3　相手と目的に応じた文種を選び、資料と併せて内容の順序を考える。

○文種を選択するときの参考にさせるために、それぞれの文種の特徴を並べ、比較させる。
・一つ一つの例文を比較し、データの数値が使われているなどの共通点を見つける。
・一つ一つの例文を比較し、感想が書かれていることや意見が書かれていることなどの相違点を見つける。
○子どもに書く目的と能力に応じて文種を選択させるために、相手と目的との組み合わせを明確にさせる。

振り返る／

4 資料に合った内容を詳しく書く。

5 本時の学習を振り返る。

・伝えたい相手を設定するか、それとも不特定多数の人に読んでもらうかを決める。
・例文を読んでみて、意見まで書けるか、感想は書けそうか、事実と感想、意見を分けて書けるか、ていねいな個別指導を受けつつ個人で検討する。
・グラフから読み取れる内容のどれを使えば言いたいことが伝わるか考えながら書く。
・いくつかの読み取れる要素を、どの順番で書くと言いたいことが伝わるか考える。
○学習したことを振り返らせながら、うまく進んでいるか確認する。

（4）作品例（実際の作品には作文の中にグラフを載せています）

記録文の作品例

　左のグラフは、インターネット利用者数が増えていることを示したものです。一九九七年末と二〇一五年末を比べると八九九一人も利用者数が増えていることがわかります。人口普及率は、一九九七年末は九・二％だったのが、二〇一五年末には、八三・〇％にもなっています。

　このようにグラフをもとにすると、年ごとにだんだん増えているので日本は暮らしやすくなりそうです。

報告文の作品例

　左のグラフはコンビニエンストアの売上高と店ぽ数を示したものです。コンビニエンスストアが増えています。このグラフでは、セブンイレブンが一番売上高と店ぽ数が多いことがわかります。二番目はローソンで三番目はファミリーマートという順番になっていることがわかります。それに年が重なるごとに増えていっていることがわかります。

感想文の作品例その一

　左のグラフは、けい帯電話を持っている人が増えていることを示したものです。これを見ると二〇一六年になると利用する人口が一九八九年より大きく増えていることがわかります。

　増えた理由は、本人に直接電話できたり、電話しながらメモしたり、できるようになったからだと思います。けい帯電話が多くなると、環境にも悪いことが出てくるでしょう。

感想文の作品例その二

　左のグラフは、おもなコンビニエンスストアの売上高と店ぽ数を表しています。これを見ると、セブンイレブンの売上高が一番多いことがわかります。どのコンビニエンスストアも一番多い二〇一四年と二〇〇一年を比べてみましょう。セブンイレブンでは、二〇〇一年に約二兆円だったものが、二〇一四年には約四兆円となり、約二兆円の差があることがわかります。このように二兆円もの差があるということはたくさんの人がコンビニを利用しているのでしょう。

意見文の作品例

　左のグラフは、おもなコンビニエンスストアの売上高と店ぽ数を示したものです。これを見ると二〇一四年のコンビニエンスストアの売上高が全店で上がっていることがわかります。セブンイレブンは約二兆円ほど、ローソンは約七千億円ほど、ファミリーマートは約一兆円ほど上がっています。

　こんなに売上高が上がったのは、良い点があるからだと思います。コンビニエンスストアにはとても多くの品物がおいてあります。ジュースなどもいろいろな種類のものがありますす。しかし、よくない点もあります。ちゅう車場がせまいことや外にあるゴミ箱がゴミであふれていることです。店員さんが外まできちんと見ているとよくなるでしょう。

　このようによくない点をなくしていき、これからも店ぽ数が増えるとくらしやすい社会になると思います。

記録文の作品例では、グラフから読み取れる数値を挙げて、説明しています。最後の一文は自分への語りかけとして書いています。報告文の作品例では、グラフから読み取れることが説明のほとんどを占めています。主観的な考えは入っていません。感想文の例ではどちらの作品も事実としての人数や売上高が増えている理由を自分なりに考えています。最後に意見文の例では、コンビニエンスストアの売上高が伸びていることに対して、コンビニエンスストアのよい点、よくない点について自分の意見として記述しています。

文種の違いはあいまいな部分もありますが、教師の説明と例文を参考にして、子どもたちは文種による文体を意識しながら書きました。

6 授業を終えて

今回の学習は、前単元での説明文の読みの学習を生かし、今の日本での生活が便利なのかどうかについて、グラフに表されている数値や変化を本文中に使わせ、書かせました。

普段、作文の授業をするときは、文種を限定して書かせることが多いと思います。一つ一つの文種は、書く技・書き方が違うので、一人一人の作文を書く能力に応じて、文種を選択させることも必要でしょう。子どもに合わせて個別指導を大切にします。また、文種を選択させることで一人一人の目的の違いや相手の違いに応じて書かせることもできます。

文種にはそれぞれの特徴があり、そのことを学んで書くべきとき、書きたいときに書けるようにすることは大切なことです。このような学習の積み重ねで、表現を楽しむ書き手となっていくでしょう。

『作文』編

〔編著者・執筆箇所一覧〕 ※所属は執筆時

編集責任者

白石壽文（佐賀大学名誉教授）…Ⅰ章

編著者

権藤順子（佐賀県・佐賀大学教育学部代用附属佐賀市立本庄小学校校長）…Ⅲ章

執筆者

長野篤志（佐賀県教育庁東部教育事務所指導主事）…Ⅱ章Q1、Q2、Q3、Q17、Ⅲ章2

池田直人（佐賀県鹿島市教育委員会指導主事）…Ⅱ章Q4、Q9、Q10、Q12、Q13、Q16、Q18、Q19、Q20、

廣瀧由紀子（佐賀県教育庁東部教育事務所指導主任）…Ⅱ章Q5、Q6、Q7、Q8、Ⅲ章1

重松景二（佐賀県・吉野ヶ里町立東脊振小学校教諭）…Ⅱ章Q11、Q14、Q15、Ⅲ章3

企画編集担当

福永睦子（秀明大学教授）

切刀道子（本学会理事）

〔シリーズ国語授業づくり 企画編集〕（五十音順）

泉　宣宏

今村久二

大越和孝

切刀道子

福永睦子

藤田慶三

シリーズ国語授業づくり
作文
—目的に応じて書く—

2017（平成29）年8月15日　初版第1刷発行

監　　修：日本国語教育学会
企画編集：福永睦子・功刀道子
編　　著：白石壽文・権藤順子
発 行 者：錦織　圭之介
発 行 所：株式会社　東洋館出版社
〒113-0021　東京都文京区本駒込5丁目16番7号
営業部　電話03-3823-9206　FAX03-3823-9208
編集部　電話03-3823-9207　FAX03-3823-9209
振替　00180-7-96823
URL　http://www.toyokan.co.jp
デザイン：株式会社明昌堂
印刷・製本：藤原印刷株式会社

ISBN978-4-491-03392-1　Printed in Japan